J. STALIN

LOS FUNDAMENTOS DEL LENINISMO

*Conferencias pronunciadas
en la Universidad Sverdlov*

**University Press of the Pacific
Honolulu, Hawaii**

Los Fundamentos del Leninismo

by
Josef Stalin

ISBN: 1-4102-2396-5

Reprinted from the 1972 edition

University Press of the Pacific
Honolulu, Hawaii
http://www.universitypressofthepacific.com

INDICE

LOS FUNDAMENTOS DEL LENINISMO[1]

Conferencias pronunciadas
en la Universidad Sverdlov

A LA PROMOCION LENINISTA

J. STALIN

Los fundamentos del leninismo: el tema es vasto. Para agotarlo, haría falta un libro entero. Más aún: haría falta toda una serie de libros. Por eso es natural que mis conferencias no puedan ser consideradas como una exposición completa del leninismo. Serán tan sólo, en el mejor de los casos, un resumen sucinto de los fundamentos del leninismo. No obstante, estimo útil hacer este resumen, a fin de ofrecer algunos puntos fundamentales de partida, necesarios para estudiar con fruto el leninismo.

Exponer los fundamentos del leninismo no es aún exponer los fundamentos de la concepción del mundo de Lenin. La concepción del mundo de Lenin y los fundamentos del leninismo no son, por su volumen, una y la misma cosa.

Lenin es marxista, y la base de su concepción del mundo es, naturalmente, el marxismo. Pero de esto no se desprende, en modo alguno, que la exposición del leninismo deba comenzar por la de los fundamentos del marxismo. Exponer el leninismo es exponer lo que hay de peculiar y de nuevo en las obras de Lenin, lo aportado por Lenin al tesoro general del marxismo y lo que está asociado a su nombre de modo natural. Sólo en este sentido hablaré en mis conferencias de los fundamentos del leninismo.

¿Qué es, pues, el leninismo?

Unos dicen que el leninismo es la aplicación del marxismo a las condiciones peculiares de la situación rusa. Esta definición contiene una parte de verdad, pero dista mucho de encerrarla toda. En efecto, Lenin aplicó el marxismo a la realidad de Rusia, y lo aplicó magistralmente. Pero si el leninismo no fuese más que la aplicación del marxismo a la situación peculiar de Rusia, el leninismo sería un fenómeno pura y exclusivamente nacional, pura y exclusivamente ruso. Sin embargo, sabemos que el leninismo es un fenómeno internacional, que tiene raíces en todo el desarrollo internacional, y no un fenómeno exclusivamente ruso. Por eso, yo entiendo que esa definición peca de unilateral.

Otros dicen que el leninismo es la resurrección de los elementos revolucionarios del marxismo de la década del 40 del siglo pasado, a diferencia del marxismo de años posteriores, que, según ellos, se hizo moderado y dejó de ser revolucionario. Si pasamos por alto esa división necia y vulgar de la doctrina de Marx en dos partes, una revolucionaria y otra moderada, hay que reconocer que incluso esa definición, íntegramente defectuosa e insatisfactoria, tiene un algo de verdad. Ese algo de verdad consiste en que Lenin resucitó, efectivamente, el contenido revolucionario del marxismo, enterrado por los oportunistas de la II Internacional. Pero esto no es más que un algo de verdad. La verdad entera del leninismo es que no sólo hizo renacer el marxismo, sino que dio un paso adelante, prosiguiendo el desarrollo del marxismo bajo las nuevas condiciones del capitalismo y de la lucha de clase del proletariado.

¿Qué es, pues, en fin de cuentas, el leninismo?

El leninismo es el marxismo de la época del imperialismo y de la revolución proletaria. O más exactamente: el leninismo es la teoría y la táctica de la revolución proletaria en general, la teoría y la táctica de la dictadura del proletariado en particular. Marx y Engels actuaron en el período prerrevolucionario (nos referimos a la revolución proletaria), cuando aun no había un imperialismo desarrollado, en un período de preparación de los proletarios para la revolución, en el período en que la revolución proletaria no era aún directa y prácticamente inevitable. En cambio, Lenin, discípulo de Marx y de Engels, actuó en el período del imperialismo desarrollado, en el período en que se despliega la revolución proletaria, cuando la revolución proletaria ha triunfado ya en un país, ha destruido la democracia burguesa y ha inaugurado la era de la democracia proletaria, la era de los Soviets.

Por eso el leninismo es el desarrollo ulterior del marxismo.

Suele destacarse el carácter extraordinariamente combativo y extraordinariamente revolucionario del leninismo. Esto es muy cierto. Pero esta particularidad del leninismo se debe a dos causas: en primer lugar, a que el leninismo brotó de la entraña de la revolución proletaria, cuyo sello no puede por menos de ostentar; en segundo lugar, a que se desarrolló y se fortaleció en las batallas contra el oportunismo de la II Internacional, combatir al cual ha sido y sigue siendo una premisa necesaria para luchar con éxito contra el capitalismo. No hay que olvidar que entre Marx y Engels, de una parte, y Lenin, de otra, media todo un período de dominio indiviso del oportunismo de la II Internacional, la lucha implacable contra el cual no podía menos de ser una de las tareas más importantes del leninismo.

I

LAS RAICES HISTORICAS
DEL LENINISMO

El leninismo se desarrolló y se formó bajo el imperialismo, cuando las contradicciones del capitalismo habían llegado ya a su grado extremo, cuando la revolución proletaria se había convertido ya en una cuestión de la actividad práctica inmediata, cuando el antiguo período de preparación de la clase obrera para la revolución había llegado a su tope, cediendo lugar a un nuevo período, al período de asalto directo del capitalismo.

Lenin llamó al imperialismo "capitalismo agonizante". ¿Por qué? Porque el imperialismo lleva las contradicciones del capitalismo a su último límite, a su grado extremo, más allá del cual empieza la revolución. Entre estas contradicciones, hay tres que deben ser consideradas como las más importantes.

La primera contradicción es la existente entre el trabajo y el capital. El imperialismo es la omnipotencia de los trusts y de los sindicatos monopolistas, de los bancos y de la oligarquía financiera de los países industriales. En la lucha

4

contra esta fuerza omnipotente, los métodos habituales de la clase obrera — los sindicatos y las cooperativas, los partidos parlamentarios y la lucha parlamentaria — resultan absolutamente insuficientes. Una de dos: u os entregáis a merced del capital, vegetáis a la antigua y os hundís cada vez más, o empuñáis un arma nueva; así plantea la cuestión el imperialismo a las masas de millones de proletarios. El imperialismo lleva a la clase obrera al umbral de la revolución.

La segunda contradicción es la existente entre los distintos grupos financieros y las distintas potencias imperialistas en su lucha por las fuentes de materias primas, por territorios ajenos. El imperialismo es la exportación de capitales a las fuentes de materias primas, la lucha furiosa por la posesión monopolista de estas fuentes, la lucha por un nuevo reparto del mundo ya repartido, lucha mantenida con particular encarnizamiento por los nuevos grupos financieros y por las nuevas potencias, que buscan "un lugar bajo el sol", contra los viejos grupos y las viejas potencias, tenazmente aferrados a sus conquistas. La particularidad de esta lucha furiosa entre los distintos grupos de capitalistas es que entraña como elemento inevitable las guerras imperialistas, guerras por la conquista de territorios ajenos. Esta circunstancia tiene, a su vez, la particularidad de que lleva al mutuo debilitamiento de los imperialistas, quebranta las posiciones del capitalismo en general, aproxima el momento de la revolución proletaria y hace de esta revolución una necesidad práctica.

La tercera contradicción es la existente entre un puñado de naciones "civilizadas" dominantes y centenares de millones de hombres de las colonias y de los países dependientes. El imperialismo es la explotación más descarada y la opresión más inhumana de centenares de millones de habitantes de las inmensas colonias y países dependientes. Extraer superbeneficios: tal es el objetivo de esta explotación y de esta opresión. Pero, al explotar a esos países, el imperialismo se ve obligado a construir en ellos ferrocarriles, fábricas, centros industriales y comerciales. La aparición de la clase de los proletarios, la formación de una intelectualidad del país, el despertar de la conciencia nacional y el incremento del movimiento de liberación son resultados inevitables de esta "política". El incremento del movimiento revolucionario en todas las colonias y en todos los países dependientes, sin excepción, lo evidencia de modo palmario. Esta circunstancia es importante para el proletariado, porque mina de raíz las posiciones del capitalismo, convirtiendo a las colonias y a los países dependientes, de reservas del imperialismo, en reservas de la revolución proletaria.

Tales son, en términos generales, las contradicciones principales del imperialismo, que han convertido el antiguo capitalismo "floreciente" en capitalismo agonizante.

La importancia de la guerra imperialista desencadenada hace diez años estriba, entre otras cosas, en que juntó en un haz todas estas contradicciones y las arrojó sobre la balanza, acelerando y facilitando con ello las batallas revolucionarias del proletariado.

Dicho en otros términos: el imperialismo no sólo ha hecho que la revolución sea prácticamente inevitable, sino que se hayan creado las condiciones favorables para el asalto directo a la fortaleza del capitalismo.

Tal es la situación internacional que ha engendrado al leninismo.

Todo eso está bien, se nos dirá; pero ¿qué tiene que ver con esto Rusia, que no era ni podía ser el país clásico del

6

imperialismo? ¿Qué tiene que ver con esto Lenin, que actuó, ante todo, en Rusia y para Rusia? ¿Por qué fue precisamente Rusia el hogar del leninismo, la cuna de la teoría y de la táctica de la revolución proletaria?

Porque Rusia era el punto de convergencia de todas estas contradicciones del imperialismo.

Porque Rusia estaba preñada de revolución más que ningún otro país del mundo, y eso hacía que sólo ella se hallase en estado de resolver estas contradicciones por vía revolucionaria.

Señalaremos en primer lugar que la Rusia zarista era un foco de todo género de opresión — capitalista, colonial y militar — en su forma más inhumana y más bárbara. ¿Quién ignora que, en Rusia, la omnipotencia del capital se fundía con el despotismo zarista; la agresividad del nacionalismo ruso, con las atrocidades del zarismo contra los pueblos no rusos; la explotación de zonas enteras — Turquía, Persia, China —, con la anexión de estas zonas por el zarismo, con las guerras anexionistas? Lenin tenía razón cuando decía que el zarismo era un "imperialismo militar-feudal". El zarismo era la condensación de los aspectos más negativos del imperialismo, elevados al cubo.

Además, la Rusia zarista no sólo era una importantísima reserva del imperialismo occidental porque abría sus puertas de par en par al capital extranjero, que tenía en sus manos ramas tan decisivas de la economía nacional de Rusia como los combustibles y la metalurgia, sino también porque podía poner al servicio de los imperialistas occidentales millones de soldados. Recordad el ejército ruso de catorce millones de hombres, que derramó su sangre en los frentes imperialistas para asegurar fabulosas ganancias a los capitalistas anglo-franceses.

Además, el zarismo no sólo era el perro de presa del imperialismo en el Oriente de Europa, sino también el agente del imperialismo occidental para exprimir de la población centenares de millones: los intereses de los empréstitos que el zarismo obtenía en París y en Londres, en Berlín y en Bruselas.

Finalmente, el zarismo era el aliado más fiel del imperialismo occidental en el reparto de Turquía, de Persia, de China, etc. ¿Quién ignora que el zarismo hacía la guerra imperialista aliado a los imperialistas de la Entente y que Rusia era un elemento esencial en esta guerra?

Por eso, los intereses del zarismo y del imperialismo occidental se entrelazaban y acababan fundiéndose en una sola madeja de intereses del imperialismo.

¿Acaso podía el imperialismo del Occidente resignarse a la pérdida de un puntal tan poderoso en el Oriente y de una fuente tan rica en fuerzas y en recursos, como era la vieja Rusia zarista y burguesa, sin poner a prueba todas sus fuerzas para sostener una lucha a muerte contra la revolución en Rusia, a fin de defender y conservar el zarismo? ¡Naturalmente que no!

Pero de aquí se desprende que quien quería golpear al zarismo, levantaba inevitablemente la mano contra el imperialismo; que quien se sublevaba contra el zarismo, tenía que sublevarse también contra el imperialismo, pues quien derrocara al zarismo, si en realidad no pensaba sólo en derribarlo, sino en acabar con él definitivamente, tenía que derrocar también al imperialismo. La revolución contra el zarismo se aproximaba de este modo a la revolución contra el imperialismo, a la revolución proletaria, y debía transformarse en ella.

Entretanto, en Rusia iba en ascenso la más grande de las revoluciones populares, a cuyo frente se hallaba el proletariado más revolucionario del mundo, un proletariado que disponía de un aliado tan importante como los campesinos revolucionarios de Rusia. ¿Hace falta, acaso, demostrar que una revolución así no podía quedarse a mitad de camino; que, en caso de triunfar, debía seguir adelante, enarbolando la bandera de la insurrección contra el imperialismo?

Por eso Rusia tenía que convertirse en el punto de convergencia de las contradicciones del imperialismo, no sólo porque en Rusia, precisamente, estas contradicciones se ponían de manifiesto con mayor facilidad a causa de su carácter tan escandaloso y tan intolerable, y no sólo porque Rusia era el puntal más importante del imperialismo occidental, el puntal que unía al capital financiero del Occidente con las colonias del Oriente, sino también porque solamente en Rusia existía una fuerza real capaz de resolver las contradicciones del imperialismo por vía revolucionaria.

Pero de esto se desprende que la revolución en Rusia no podía menos de ser proletaria, no podía menos de revestir, desde los primeros momentos de su desarrollo, un carácter internacional, y no podía, por tanto, menos de sacudir los cimientos mismos del imperialismo mundial.

¿Acaso los comunistas rusos podían, ante semejante estado de cosas, limitarse en su labor al marco estrechamente nacional de la revolución rusa? ¡Naturalmente que no! Por el contrario, toda la situación, tanto la interior (profunda crisis revolucionaria) como la exterior (la guerra), los empujaba a salirse en su labor de ese marco, a llevar la lucha a la palestra internacional, a poner al desnudo las lacras del imperialismo, a demostrar el carácter inevitable de la bancarrota del capitalismo, a destrozar el socialchovinismo y el

9

socialpacifismo y, por último, a derribar el capitalismo dentro de su país y a forjar para el proletariado un arma nueva de lucha — la teoría y la táctica de la revolución proletaria —, con el fin de facilitar a los proletarios de todos los países el derrocamiento del capitalismo. Los comunistas rusos no podían obrar de otro modo, pues sólo siguiendo este camino se podía contar con que se produjesen en la situación internacional ciertos cambios, capaces de garantizar a Rusia contra la restauración del régimen burgués.

Por eso, Rusia se convirtió en el hogar del leninismo, y el jefe de los comunistas rusos, Lenin, en su creador.

Con Rusia y con Lenin "ocurrió" aproximadamente lo mismo que había ocurrido con Alemania y con Marx y Engels en la década del 40 del siglo pasado. Entonces, Alemania estaba preñada, como la Rusia de comienzos del siglo XX, de una revolución burguesa. Marx escribió entonces en el "Manifiesto del Partido Comunista":

"Los comunistas fijan su principal atención en Alemania, porque Alemania se halla en vísperas de una revolución burguesa y porque llevará a cabo esta revolución bajo las condiciones más progresivas de la civilización europea en general, y con un proletariado mucho más desarrollado que el de Inglaterra en el siglo XVII y el de Francia en el XVIII, y, por lo tanto, la revolución burguesa alemana no podrá ser sino el preludio inmediato de una revolución proletaria."

Dicho en otros términos: el centro del movimiento revolucionario se desplazaba a Alemania.

No cabe duda de que precisamente esta circunstancia, apuntada por Marx en el pasaje citado, constituyó la causa probable de que fuese Alemania la cuna del socialismo científico, y los jefes del proletariado alemán, Marx y Engels, sus creadores.

Lo mismo hay que decir, pero en mayor grado todavía, de la Rusia de comienzos del siglo XX. En ese período, Rusia se hallaba en vísperas de la revolución burguesa y había de llevar a cabo esta revolución en un ambiente más progresivo en Europa y con un proletariado más desarrollado que el de Alemania en la década del 40 del siglo último (sin hablar ya de Inglaterra y de Francia); además, todo indicaba que esta revolución debía servir de fermento y de prólogo a la revolución proletaria.

No puede considerarse casual el hecho de que ya en 1902, cuando la revolución rusa estaba todavía en sus comienzos, Lenin dijese, en su folleto "¿Qué hacer?", estas palabras proféticas:

"La historia plantea hoy ante nosotros (es decir, ante los marxistas rusos. *J. St.*) una tarea inmediata, que es *la más revolucionaria* de todas las tareas *inmediatas* del proletariado de ningún otro país".

"La realización de esta tarea, la demolición del más poderoso baluarte, no ya de la reacción europea, sino también (hoy podemos afirmarlo) de la reacción asiática, convertiría al proletariado ruso en la vanguardia del proletariado revolucionario internacional" (v. t. IV, pág. 382).

Dicho en otros términos: el centro del movimiento revolucionario debía desplazarse a Rusia.

Sabido es que el desarrollo de la revolución en Rusia ha justificado, y con creces, esta predicción de Lenin.

Y, siendo así, ¿tiene algo de asombroso que el país que ha llevado a cabo semejante revolución y que cuenta con semejante proletariado haya sido la patria de la teoría y la táctica de la revolución proletaria?

¿Tiene algo de asombroso que el jefe del proletariado de Rusia, Lenin, haya sido, a la par, el creador de esta teoría y de esta táctica y el jefe del proletariado internacional?

II

EL METODO

He dicho más arriba que entre Marx y Engels, de una parte, y Lenin, de otra, media todo un período de dominio del oportunismo de la II Internacional. Para ser exacto, debo añadir que no se trata aquí de un predominio formal del oportunismo, sino de un dominio efectivo. En apariencia, al frente de la II Internacional se encontraban marxistas "fieles", "ortodoxos": Kautsky y otros. Sin embargo, la labor fundamental de la II Internacional seguía, en la práctica, la línea del oportunismo. Los oportunistas, por su innato espíritu de adaptación y su naturaleza pequeñoburguesa, se amoldaban a la burguesía; los "ortodoxos", a su vez, se adaptaban a los oportunistas, para "mantener la unidad" con ellos, en aras de la "paz en el partido". Resultaba de todo esto el dominio del oportunismo, pues la política de la burguesía y la de los "ortodoxos" eran eslabones de una misma cadena.

Fue ése un período de desarrollo relativamente pacífico del capitalismo, el período de anteguerra, por decirlo así, en que las contradicciones catastróficas del imperialismo no habían llegado aún a revelarse en toda su evidencia; un período en que las huelgas económicas de los obreros y los sindicatos se desenvolvían más o menos "normalmente"; en que se obtenían triunfos "vertiginosos" en la lucha electoral y en la actuación de las minorías parlamentarias; en que las formas legales de lucha se ponían por las nubes y se creía "matar" al capitalismo con la legalidad; en una palabra, un período en el que los partidos de la II Internacional iban echando grasa y no querían pensar seriamente en la revolución, en la dictadura del proletariado, en la educación revolucionaria de las masas.

En vez de una teoría revolucionaria coherente, tesis teóricas contradictorias y fragmentos de teorías divorciados de la lucha revolucionaria viva de las masas y convertidos en dogmas caducos. Naturalmente, para guardar las formas se invocaba la teoría de Marx, pero con el fin de despojarla de su espíritu revolucionario vivo.

En vez de una política revolucionaria, un filisteísmo fláccido y una politiquería de practicismo mezquino, diplomacia parlamentaria y combinaciones parlamentarias. Naturalmente, para guardar las formas se adoptaban resoluciones y consignas "revolucionarias", pero con el único fin de meterlas bajo el tapete.

En vez de educar al partido y de enseñarle una táctica revolucionaria acertada, a base del análisis de sus propios errores, se eludían meticulosamente los problemas candentes, se los velaba y encubría. Naturalmente, para guardar las formas hablaban a veces de los problemas candentes, pero era con el fin de terminar el asunto con cualquier resolución "elástica".

He ahí cuáles eran la fisonomía, los métodos de trabajo y el arsenal de la II Internacional.

Entretanto, se acercaba un nuevo período de guerras imperialistas y de batallas revolucionarias del proletariado.

Los antiguos métodos de lucha resultaban, a todas luces, insuficientes y precarios ante la omnipotencia del capital financiero.

Se imponía revisar toda la labor de la II Internacional, todo su método de trabajo, desarraigando el filisteísmo, la estrechez mental, la politiquería, la apostasía, el socialchovinismo y el socialpacifismo. Se imponía revisar todo el arsenal de la II Internacional, arrojar todo lo herrumbroso y todo lo caduco y forjar nuevas armas. Sin esta labor previa, no había que pensar en lanzarse a la guerra contra el capitalismo. Sin esto, el proletariado corría el riesgo de encontrarse, ante nuevas batallas revolucionarias, mal armado o, incluso, inerme.

El honor de llevar a cabo la revisión general y la limpieza general de los establos de Augias de la II Internacional correspondió al leninismo.

Tales fueron las circunstancias en que nació y se forjó el método del leninismo.

¿Cuáles son las exigencias de este método?

Primera: *comprobar* los dogmas teóricos de la II Internacional en el fuego de la lucha revolucionaria de las masas, en el fuego de la práctica viva; es decir, restablecer la unidad, rota, entre la teoría y la práctica, terminar con el divorcio entre ellas, porque sólo así se puede crear un partido verdaderamente proletario, pertrechado de una teoría revolucionaria.

Segunda: *comprobar* la política de los partidos de la II Internacional, no por sus consignas y sus resoluciones (a las que no se puede conceder ningún crédito), sino por sus hechos, por sus acciones, pues sólo así se puede conquistar y merecer la confianza de las masas proletarias.

Tercera: *reorganizar* toda la labor de partido, dándole una orientación nueva, revolucionaria, con el fin de educar y preparar a las masas para la lucha revolucionaria, pues sólo así se puede preparar a las masas para la revolución proletaria.

Cuarta: la *autocrítica* de los partidos proletarios, su instrucción y educación mediante el análisis de los propios errores, pues sólo así se pueden formar verdaderos cuadros y verdaderos dirigentes de partido.

Tales son los fundamentos y la esencia del método del leninismo.

¿Cómo se ha aplicado este método en la práctica?

Los oportunistas de la II Internacional tienen varios dogmas teóricos, de los cuales arrancan siempre. He aquí algunos de ellos:

Primer dogma: sobre las condiciones de la toma del Poder por el proletariado. Los oportunistas afirman que el proletariado no puede ni debe tomar el Poder si no constituye la mayoría dentro del país. No se aduce ninguna prueba, pues no hay forma de justificar, ni teórica ni prácticamente, esta absurda tesis. Admitamos que sea así, contesta Lenin a los señores de la II Internacional. Pero, si se produce una situación histórica (guerra, crisis agraria, etc.), en la cual el proletariado, siendo una minoría de la población, tiene la posibilidad de agrupar en torno suyo a la inmensa mayoría de las masas trabajadoras, ¿por qué no ha de tomar el Poder? ¿Por qué el proletariado no ha de aprovechar una situación internacional e interior favorable, para romper el frente del capital y acelerar el desenlace general? ¿Acaso no dijo ya Marx, en la década del 50 del siglo pasado, que la revolución proletaria en Alemania podría marchar "magníficamente" si fuera posible apoyarla, digámoslo así, con una "segunda edición de la guerra campesina"[2]? ¿No sabe, acaso, todo el mundo que en Alemania había en aquel entonces relativamente menos proletarios que, por ejemplo, en Rusia en 1917? ¿Acaso la experiencia de la revolución proletaria rusa no ha puesto de manifiesto que este dogma predilecto de los héroes de la II Internacional no tiene la menor significación vital para el proletariado? ¿Acaso no es evidente que la experiencia de la lucha revolucionaria de las masas rebate y deshace ese dogma caduco?

Segundo dogma: el proletariado no puede mantenerse en el Poder si no dispone de suficientes cuadros, de hombres ilustrados y de administradores ya hechos, capaces de organizar la gobernación del país. Primero hay que preparar estos cuadros bajo el capitalismo, y luego, tomar el Poder. Admitámoslo, contesta Lenin. Pero ¿por qué no se pueden hacer las cosas de modo que primero se tome el Poder, se creen las condiciones favorables para el desarrollo del proletariado, y luego se avance a pasos agigantados para elevar el nivel cultural de las masas trabajadoras, para preparar numerosos cuadros dirigentes y administrativos de procedencia obrera? ¿Acaso la experiencia de Rusia no ha demostrado que bajo el Poder proletario los dirigentes de procedencia obrera se forman de un modo cien veces más rápido y mejor que bajo el Poder del capital? ¿Acaso no es evidente que la experiencia de la lucha revolucionaria de las masas también deshace implacablemente este dogma teórico de los oportunistas?

Tercer dogma: el método de la huelga general *política* es inaceptable para el proletariado, ya que resulta teóricamente inconsistente (v. la crítica de Engels), prácticamente peligroso (puede desorganizar la marcha normal de la vida económica del país y puede dejar vacías las cajas de los sindicatos) y no puede sustituir a las formas parlamentarias de lucha, que constituyen la forma principal de la lucha de clase del proletariado. Bien, contestan los leninistas. Pero, en primer lugar, Engels no criticó toda huelga general, sino un determinado tipo de huelga general: la huelga general *económica* de los anarquistas[3], preconizada por éstos *en sustitución* de la lucha política del proletariado. ¿Qué tiene que ver con eso el método de la huelga general *política*? En segundo lugar, ¿quién ha demostrado, y dónde, que la forma parlamentaria de lucha sea la forma principal de lucha del proletariado? ¿Acaso la historia del movimiento revolucionario no demuestra que la lucha parlamentaria no es más que una escuela y una ayuda para la organización de la lucha extraparlamentaria del proletariado, y que, bajo el capitalismo, las cuestiones fundamentales del movimiento obrero se dirimen por la fuerza, por la lucha directa de las masas proletarias, por su huelga general, por su insurrección? En tercer lugar, ¿de dónde se ha tomado eso de la sustitución de la lucha parlamentaria por el método de la huelga general política? ¿Dónde y cuándo han intentado los partidarios de la huelga general política sustituir las formas parlamentarias de lucha por las formas extraparlamentarias? En cuarto lugar, ¿acaso la revolución rusa no ha demostrado que la huelga general *política* es una gran escuela de la revolución proletaria y un medio insustituible para movilizar y organizar a las más amplias masas del proletariado en vísperas del asalto a la fortaleza del capitalismo? ¿A qué vienen esas lamentaciones de filisteo sobre la desorganización de la marcha normal de la vida económica y sobre las cajas de los sindicatos? ¿Acaso no es evidente que la experiencia de la lucha revolucionaria destruye también este dogma de los oportunistas?

Y así sucesivamente.

Por eso Lenin decía que "la teoría revolucionaria no es un dogma" y que "sólo se forma definitivamente en estrecha relación con la experiencia práctica de un movimiento verdaderamente de masas y verdaderamente revolucionario" ("La enfermedad infantil"[4]), porque la teoría debe servir a la práctica, porque "la teoría debe dar respuesta a las cuestiones planteadas por la práctica" ("Los 'amigos del pueblo' "[5]), porque debe contrastarse con hechos de la práctica.

En cuanto a las consignas políticas y a los acuerdos políticos de los partidos de la II Internacional, basta recordar la historia de la consigna "guerra a la guerra" para comprender toda la falsedad y toda la podredumbre de la práctica política de estos partidos, que encubren su obra antirrevolucionaria con pomposas consignas y resoluciones revolucionarias. Todo el mundo recuerda las aparatosas manifestaciones hechas por la II Internacional en el Congreso de Basilea[6], en las que se amenazaba a los imperialistas con todos los horrores de la insurrección, si se decidían a desencadenar la guerra, y en las que se lanzó la temible consigna de "guerra a la guerra". Pero ¿quién no recuerda que, poco tiempo después, ante el comienzo mismo de la guerra, la resolución de Basilea fue metida bajo el tapete, dándose a los obreros una nueva consigna: la de exterminarse mutuamente para mayor gloria de la patria capitalista? ¿Acaso no es evidente que las resoluciones y las consignas revolucionarias no valen nada si no son respaldadas por los hechos? No hay más que comparar la política leninista de transformación de la guerra imperialista en guerra civil con la política de traición de la II Internacional durante la guerra, para comprender toda la trivialidad de los politicastros

18

del oportunismo y toda la grandeza del método del leninismo.

No puedo por menos de reproducir aquí un pasaje del libro de Lenin "La revolución proletaria y el renegado Kautsky", en el que Lenin fustiga duramente la tentativa oportunista del líder de la II Internacional C. Kautsky de no juzgar a los partidos por sus hechos, sino por sus consignas estampadas sobre el papel y por sus documentos:

> "Kautsky lleva a cabo una política típicamente pequeñoburguesa, filistea, imaginándose . . . que con *lanzar una consigna* cambian las cosas. Toda la historia de la democracia burguesa denuncia esta ilusión: para engañar al pueblo, los demócratas burgueses han lanzado y lanzan siempre todas las 'consignas' imaginables. El problema consiste en *comprobar* su sinceridad, en contraponer las palabras con los *hechos*, en no contentarse con *frases* idealistas o charlatanescas, sino en indagar su *fondo de clase*" (v. t. XXIII, pág. 377).

No hablo ya del miedo de los partidos de la II Internacional a la autocrítica, de su costumbre de ocultar los errores, de velar los problemas espinosos, de disimular los defectos con una ostentación de falsa prosperidad que embota el pensamiento vivo y frena la educación revolucionaria del partido sobre la base del análisis de sus propios errores, costumbre que Lenin ridiculizó y puso en la picota. He aquí lo que en su folleto "La enfermedad infantil" escribía Lenin acerca de la autocrítica en los partidos proletarios:

> "La actitud de un partido político ante sus errores es uno de los criterios más importantes y más seguros para juzgar de la seriedad de ese partido y del cumplimiento *efectivo* de sus deberes hacia su *clase* y hacia las *masas*

trabajadoras. Reconocer abiertamente los errores, poner al descubierto sus causas, analizar la situación que los ha engendrado y discutir atentamente los medios de corregirlos; eso es lo que caracteriza a un partido serio; en eso consiste el cumplimiento de sus deberes; eso es educar e instruir a la *clase*, y después a las *masas*" (v. t. XXV, pág. 200).

Hay quien dice que el poner al descubierto los errores propios y practicar la autocrítica es peligroso para el partido, pues eso puede aprovecharlo el enemigo contra el partido del proletariado. Lenin consideraba fútiles y completamente erróneas tales objeciones. He aquí lo que decía al respecto en su folleto "Un paso adelante"[7], ya en 1904, cuando nuestro Partido era aún débil y pequeño:

"Ellos (es decir, los adversarios de los marxistas. *J. St.*) observan con muecas de alegría maligna nuestras discusiones; procurarán, naturalmente, entresacar para sus fines algunos pasajes aislados de mi folleto consagrado a los defectos y deficiencias de nuestro Partido. Los socialdemócratas rusos están ya lo bastante fogueados en el combate para no dejarse turbar por semejantes alfilerazos y para continuar, pese a ellos, su labor de autocrítica, poniendo despiadadamente al descubierto sus propias deficiencias, que de un modo necesario e inevitable serán enmendadas por el desarrollo del movimiento obrero" (v. t. VI, pág. 161).

Tales son, en general, los rasgos característicos del método del leninismo.

Lo que aporta el método de Lenin encerrábase ya, en lo fundamental, en la doctrina de Marx, que, según la expresión de su autor, es, "por su propia esencia, crítica y revolucionaria"[8]. Este espíritu crítico y revolucionario, precisamente, impregna desde el principio hasta el fin el método de Lenin. Pero sería erróneo suponer que el método de Lenin no es más que una simple restauración de lo aportado por Marx. En realidad, el método de Lenin no se limita a restaurar, sino que, además, concreta y desarrolla el método crítico y revolucionario de Marx, su dialéctica materialista.

III

LA TEORIA

Analizaré tres cuestiones de este tema:
a) importancia de la teoría para el movimiento proletario,
b) crítica de la "teoría" de la espontaneidad,
c) teoría de la revolución proletaria.

1) *Importancia de la teoría.* Hay quien supone que el leninismo es la primacía de la práctica sobre la teoría, en el sentido de que para él lo fundamental es aplicar los principios marxistas, "dar cumplimiento" a estos principios, al tiempo que manifiesta bastante despreocupación por la teoría. Sabido es que Plejánov se burló más de una vez de la "despreocupación" de Lenin por la teoría, y en especial por la filosofía. También es sabido que muchos leninistas ocupados hoy en el trabajo práctico no son muy dados a la teoría, por efecto, sobre todo, de la enorme labor práctica que las circunstancias les obligan a desplegar. He de declarar que esta opinión, por demás extraña, que se tiene de Lenin y del leninismo es completamente falsa y no corresponde en modo alguno a la realidad; que la tendencia de los militantes ocupados en el trabajo práctico a desentenderse de la

teoría contradice a todo el espíritu del leninismo y está preñada de grandes peligros para la causa.

La teoría es la experiencia del movimiento obrero de todos los países, tomada en su aspecto general. Naturalmente, la teoría deja de tener objeto cuando no se halla vinculada a la práctica revolucionaria, exactamente del mismo modo que la práctica es ciega si la teoría revolucionaria no alumbra su camino. Pero la teoría puede convertirse en una formidable fuerza del movimiento obrero si se elabora en indisoluble ligazón con la práctica revolucionaria, porque ella, y sólo ella, puede dar al movimiento seguridad, capacidad para orientarse y la comprensión de los vínculos internos entre los acontecimientos que se producen en torno nuestro; porque ella, y sólo ella, puede ayudar a la práctica a comprender, no sólo cómo se mueven y hacia dónde marchan las clases en el momento actual, sino también cómo deben moverse y hacia dónde deben marchar en un futuro próximo. ¿Quién sino Lenin dijo y repitió decenas de veces la conocida tesis de que:

"Sin teoría revolucionaria no puede haber tampoco movimiento revolucionario"?* (v. t. IV, pág. 380).

Lenin comprendía mejor que nadie la gran importancia de la teoría, sobre todo para un partido como el nuestro, en virtud del papel de luchador de vanguardia del proletariado internacional, que le ha correspondido, y de la complicada situación interior e internacional que lo rodea. Previendo en 1902 este papel especial de nuestro Partido, Lenin consideraba ya entonces necesario recordar que:

---

* Subrayado por mí. *J. St.*

"Sólo un partido dirigido por una teoría de vanguardia puede cumplir la misión de combatiente de vanguardia" (v. t. IV, pág. 380).

No creo que haya necesidad de demostrar que ahora, cuando la predicción de Lenin sobre el papel de nuestro Partido se ha convertido ya en realidad, esta tesis de Lenin adquiere una fuerza y una importancia especiales.

Quizá la expresión más clara de la alta importancia que Lenin otorgaba a la teoría, sea el hecho de que fuera precisamente él quien asumió el cumplimiento de una tarea tan grande como la de sintetizar, desde el punto de vista de la filosofía materialista, los más importantes adelantos de la ciencia en el período comprendido desde Engels hasta Lenin y de someter a profunda crítica las tendencias antimaterialistas entre los partidarios del marxismo. "Cada descubrimiento trascendental — decía Engels — obliga al materialismo a cambiar de forma"[9]. Es sabido que fue precisamente Lenin quien, en su notable libro "Materialismo y empiriocriticismo", cumplió esta tarea en relación con su época. Es sabido que Plejánov, a quien gustaba burlarse de la "despreocupación" de Lenin por la filosofía, no se decidió siquiera a abordar seriamente la realización de semejante tarea.

2) *Crítica de la "teoría" de la espontaneidad, o sobre el papel de la vanguardia en el movimiento.* La "teoría" de la espontaneidad es la teoría del oportunismo, la teoría de la prosternación ante la espontaneidad en el movimiento obrero, la teoría de la negación práctica del papel dirigente de la vanguardia de la clase obrera, del Partido de la clase obrera.

La teoría de la prosternación ante la espontaneidad es una teoría decididamente contraria al carácter revolucionario del movimiento obrero, contraria a la orientación del movimiento hacia la lucha contra los fundamentos del capitalismo; aboga por que el movimiento marche exclusivamente por la senda de las reivindicaciones "posibles", "aceptables" para el capitalismo, aboga de manera absoluta por la "vía de la menor resistencia". La teoría de la espontaneidad es la ideología del tradeunionismo.

La teoría de la prosternación ante la espontaneidad es decididamente contraria a que se imprima al movimiento espontáneo un carácter consciente, regular, es contraria a que el Partido marche al frente de la clase obrera, a que el Partido haga conscientes a las masas, a que el Partido marche a la cabeza del movimiento; aboga por que los elementos conscientes del movimiento no impidan a éste seguir su camino, aboga por que el Partido no haga más que prestar oído al movimiento espontáneo y se arrastre a la zaga de él. La teoría de la espontaneidad es la teoría de la subestimación del papel del elemento consciente en el movimiento, es la ideología del "seguidismo", la base lógica de *todo* oportunismo.

Prácticamente, esta teoría, que salió a escena ya antes de la primera revolución rusa, llevó a que sus adeptos, los llamados "economistas", negaran la necesidad de un partido obrero independiente en Rusia, se manifestasen contra la lucha revolucionaria de la clase obrera por el derrocamiento del zarismo, predicaran una política tradeunionista en el movimiento y, en general, abandonasen a la burguesía liberal la hegemonía en el movimiento obrero.

La lucha de la vieja "Iskra" y la brillante crítica de la teoría del "seguidismo" hecha por Lenin en su folleto "¿Qué hacer?", no sólo derrotaron al llamado "economismo", sino que, además, sentaron las bases teóricas para un movimiento realmente revolucionario de la clase obrera rusa.

Sin esta lucha, ni siquiera hubiera podido pensarse en crear en Rusia un partido obrero independiente, ni en el papel dirigente de éste en la revolución.

Pero la teoría de la prosternación ante la espontaneidad no es un fenómeno exclusivamente ruso. Esta teoría se halla muy extendida, cierto es que bajo una forma algo distinta, en todos los partidos de la II Internacional, sin excepción. Me refiero a la llamada teoría de las "fuerzas productivas", vulgarizada por los líderes de la II Internacional, teoría que lo justifica todo y reconcilia a todos, que registra los hechos, los explica cuando ya todo el mundo está harto de ellos y, después de registrarlos, se da por satisfecha. Marx decía que la teoría materialista no puede limitarse a interpretar el mundo, sino que, además, debe transformarlo[10]. Pero a Kautsky y Cía. no les preocupa esto y prefieren no rebasar la primera parte de la fórmula de Marx.

He aquí uno de tantos ejemplos de aplicación de esta "teoría". Dícese que, antes de la guerra imperialista, los partidos de la II Internacional amenazaban con declarar la "guerra a la guerra", en el caso de que los imperialistas la comenzaran. Dícese que, en vísperas de la guerra, estos partidos metieron bajo el tapete la consigna de "guerra a la guerra" y aplicaron la consigna contraria, la consigna de "guerra por la patria imperialista". Dícese que este cambio de consignas causó millones de víctimas entre los obreros. Pero sería un error pensar que alguien tuvo la culpa de ello, que alguien fue infiel o traidor a la clase obrera. ¡Nada de eso! Ocurrió lo que tenía que ocurrir. En primer lugar, porque resulta que la Internacional es un "instrumento de paz", y no de guerra; y, en segundo lugar, porque, dado el "nivel de las fuerzas productivas" en aquel entonces, ninguna otra cosa podía hacerse. La "culpa" es de las "fuerzas productivas". Así, exactamente, "nos" lo explica la "teoría de las fuerzas productivas" del señor Kautsky. Y quien no crea en esta "teoría", no es marxista. ¿El papel de los partidos? ¿Su importancia en el movimiento? Pero ¿qué puede hacer un partido ante un factor tan decisivo como el "nivel de las fuerzas productivas"? . . .

Podríamos citar todo un montón de ejemplos semejantes de falsificación del marxismo.

No creo que sea necesario demostrar que este "marxismo" contrahecho, destinado a cubrir las vergüenzas del oportunismo, no es más que una variante a la europea de esa misma teoría del "seguidismo" combatida por Lenin ya antes de la primera revolución rusa.

No creo que sea necesario demostrar que demoler esa falsificación teórica es una condición preliminar para la creación de partidos verdaderamente revolucionarios en el Occidente.

3) *Teoría de la revolución proletaria.* La teoría leninista de la revolución proletaria parte de tres tesis fundamentales.

Primera tesis. La dominación del capital financiero en los países capitalistas adelantados; la emisión de títulos de valor, como una operación importantísima del capital financiero; la exportación de capitales a las fuentes de materias primas, como una de las bases del imperialismo; la omnipotencia de la oligarquía financiera, como resultado de la dominación del capital financiero; todo esto pone al descubierto el burdo carácter parasitario del capitalismo monopolista, hace cien veces más doloroso el yugo de los trusts y de los sindicatos capitalistas, acrecienta la indignación de la clase obrera contra los fundamentos del capitalismo y lleva las masas a la revolución proletaria como única salvación (v. "El imperialismo"[11], de *Lenin*).

De aquí se desprende la primera conclusión: agudización de la crisis revolucionaria en los países capitalistas; acrecentamiento de los elementos de un estallido en el frente interior, en el frente proletario de las "metrópolis".

Segunda tesis. La exportación intensificada de capitales a las colonias y los países dependientes; la extensión de las "esferas de influencia" y de los dominios coloniales, que llegan a abarcar todo el planeta; la transformación del capitalismo en un *sistema mundial* de esclavización financiera y de opresión colonial de la gigantesca mayoría de la población del Globo por un puñado de países "adelantados"; todo esto, de una parte, ha convertido las distintas economías nacionales y los distintos territorios nacionales en eslabones de una misma cadena, llamada economía mundial; de otra parte, ha dividido a la población del planeta en dos campos: el de un puñado de países capitalistas "adelantados", que explotan y oprimen vastas colonias y vastos países dependientes, y el de la enorme mayoría de colonias y países dependientes, que se ven obligados a luchar por liberarse del yugo imperialista (v. "El imperialismo").

De aquí se desprende la segunda conclusión: agudización de la crisis revolucionaria en las colonias; acrecentamiento de la indignación contra el imperialismo en el frente exterior, en el frente colonial.

Tercera tesis. La posesión monopolista de las "esferas de influencia" y de las colonias; el desarrollo desigual de los países capitalistas, que lleva a una lucha furiosa por un nuevo reparto del mundo entre los países que ya se han apoderado de los territorios y los que desean obtener su "parte"; las guerras imperialistas, como único medio de restablecer el "equilibrio" roto; todo esto conduce al fortalecimiento del tercer frente, del frente intercapitalista, que

27

debilita al imperialismo y facilita la unión de los dos primeros frentes — el frente proletario revolucionario y el frente de la liberación colonial — contra el imperialismo (v. "El imperialismo").

De aquí se desprende la tercera conclusión: ineluctabilidad de las guerras bajo el imperialismo e inevitabilidad de la coalición de la revolución proletaria de Europa con la revolución colonial del Oriente, formando un solo frente mundial de la revolución contra el frente mundial del imperialismo.

Lenin suma todas estas conclusiones en una conclusión general: *"El imperialismo es la antesala de la revolución socialista"** (v. t. XIX, pág. 71).

En consonancia con esto, cambia el modo mismo de abordar el problema de la revolución proletaria, de su carácter, de su extensión y profundidad, cambia el esquema de la revolución en general.

Antes, el análisis de las premisas de la revolución proletaria solía abordarse desde el punto de vista del estado económico de tal o cual país. Ahora, este modo de abordar el problema ya no basta. Ahora hay que abordarlo desde el punto de vista del estado económico de todos o de la mayoría de los países, desde el punto de vista del estado de la economía mundial, porque los distintos países y las distintas economías nacionales han dejado ya de ser unidades autónomas y se han convertido en eslabones de una misma cadena, que se llama economía mundial; porque el viejo capitalismo "civilizado" se ha transformado en imperialismo, y el imperialismo es un sistema mundial de esclavización financiera y de opresión colonial de la inmensa

---

* Subrayado por mí. *J. St.*

mayoría de la población del Globo por un puñado de países "adelantados".

Antes solía hablarse de la existencia o de la ausencia de condiciones objetivas para la revolución proletaria en los distintos países o, más exactamente, en tal o cual país desarrollado. Ahora, este punto de vista ya no basta. Ahora hay que hablar de la existencia de condiciones objetivas para la revolución en todo el sistema de la economía imperialista mundial, considerado como una sola entidad; y la presencia, dentro de este sistema, de algunos países con un desarrollo industrial insuficiente no puede representar un obstáculo insuperable para la revolución, *si* el sistema en su conjunto o, mejor dicho, *puesto que* el sistema en su conjunto está ya maduro para la revolución.

Antes solía hablarse de la revolución proletaria en tal o cual país desarrollado como de una magnitud particular y autónoma, que se contraponía, como a su antípoda, al respectivo frente nacional del capital. Ahora, este punto de vista ya no basta. Ahora hay que hablar de la revolución proletaria mundial, pues los distintos frentes nacionales del capital se han convertido en otros tantos eslabones de una misma cadena, que se llama frente mundial del imperialismo y a la cual hay que contraponer el frente general del movimiento revolucionario de todos los países.

Antes se concebía la revolución proletaria como resultado exclusivo del desarrollo interior del país en cuestión. Ahora, este punto de vista ya no basta. Ahora, la revolución proletaria debe concebirse, ante todo, como resultado del desarrollo de las contradicciones dentro del sistema mundial del imperialismo, como resultado de la ruptura de la cadena del frente mundial imperialista en tal o cual país.

¿Dónde empezará la revolución?, ¿dónde podrá romperse, en primer lugar, el frente del capital?, ¿en qué país?

Allí donde la industria esté más desarrollada, donde el proletariado forme la mayoría, donde haya más cultura, donde haya más democracia, solían contestar antes.

No, objeta la teoría leninista de la revolución, *no es obligatorio que sea allí donde la industria esté más desarrollada*, etc. El frente del capital se romperá allí donde la cadena del imperialismo sea más débil, pues la revolución proletaria es resultado de la ruptura de la cadena del frente mundial imperialista por su punto más débil; y bien puede ocurrir que el país que haya empezado la revolución, el país que haya roto el frente del capital, esté menos desarrollado en el sentido capitalista que otros países, los cuales, pese a su mayor desarrollo, todavía permanezcan dentro del marco del capitalismo.

En 1917, la cadena del frente imperialista mundial resultó ser más débil en Rusia que en los demás países. Fue aquí donde se rompió, dando paso a la revolución proletaria. ¿Por qué? Porque en Rusia se desarrollaba una gran revolución popular, a cuya cabeza marchaba el proletariado revolucionario, que contaba con un aliado tan importante como los millones y millones de campesinos oprimidos y explotados por los terratenientes. Porque frente a la revolución se alzaba aquí un representante tan repulsivo del imperialismo como el zarismo, falto de todo ascendiente moral y que se había ganado el odio general de la población. En Rusia, la cadena resultó ser más débil, aunque este país estaba menos desarrollado en el sentido capitalista que Francia o Alemania, Inglaterra o los Estados Unidos, pongamos por caso.

¿Dónde se romperá la cadena en el próximo futuro? Volverá a romperse allí donde sea más débil. No está excluido que la cadena pueda romperse, por ejemplo, en la India. ¿Por qué? Porque en la India hay un proletariado joven, combativo y revolucionario, que cuenta con un aliado como el movimiento de liberación nacional, aliado indudablemente fuerte, indudablemente importante. Porque frente a la revolución se alza allí un enemigo de todos conocido, el imperialismo extranjero, privado de crédito moral y que se ha ganado el odio general de las masas oprimidas y explotadas de la India.

También es perfectamente posible que la cadena se rompa en Alemania. ¿Por qué? Porque los factores que actúan, por ejemplo, en la India, empiezan a actuar también en Alemania; y se comprende que la inmensa diferencia entre el nivel de desarrollo de la India y el de Alemania no puede dejar de imprimir su sello a la marcha y al desenlace de la revolución en Alemania.

Por eso, Lenin dice:

"Los países capitalistas de la Europa Occidental llevarán a término su desarrollo hacia el socialismo . . . no por un proceso gradual de 'maduración' del socialismo en ellos, sino mediante la explotación de unos Estados por otros, mediante la explotación del primer Estado entre los vencidos en la guerra imperialista, unida a la explotación de todo el Oriente. Por otra parte, el Oriente se ha incorporado de manera definitiva al movimiento revolucionario, gracias precisamente a esta primera guerra imperialista, viéndose arrastrado definitivamente a la órbita general del movimiento revolucionario mundial" (v. t. XXVII, págs. 415-416).

Resumiendo: como regla general, la cadena del frente imperialista debe romperse allí donde sus eslabones sean más débiles y, en todo caso, no necesariamente allí donde el capitalismo esté más desarrollado, o donde los proletarios constituyan un determinado tanto por ciento de la población, los campesinos otro tanto por ciento determinado, etc., etc.

Por eso, los cálculos estadísticos sobre el porcentaje de proletariado en la población de un país determinado pierden, cuando se trata de resolver el problema de la revolución proletaria, la importancia excepcional que gustaban de atribuirles los exégetas de la II Internacional, que no han sabido comprender el imperialismo y temen a la revolución como a la peste.

Además, los héroes de la II Internacional afirmaban (y siguen afirmando) que entre la revolución democrático-burguesa, de una parte, y la revolución proletaria, de otra, media un abismo o, por lo menos, una muralla de China, que separa la una de la otra por un lapso de tiempo más o menos largo, durante el cual la burguesía, entronizada en el Poder, desarrolla el capitalismo, y el proletariado acumula fuerzas y se prepara para la "lucha decisiva" contra el capitalismo. Generalmente, este lapso se cuenta por decenios y decenios, si no más. No creo que sea necesario demostrar que, en el imperialismo, esta "teoría" de la muralla de China carece de toda base científica y no es ni puede ser más que un medio para encubrir, para disimular con bellos colores los apetitos contrarrevolucionarios de la burguesía. No creo que sea necesario demostrar que en el imperialismo, preñado de colisiones y guerras, que en la "antesala de la revolución socialista", cuando el capitalismo "floreciente" se convierte en capitalismo "agonizante" (*Lenin*) y el movimiento revolucionario crece en todos los países del mundo; cuando el imperialismo se coliga con todas las fuerzas reaccionarias, sin excepción, hasta con el zarismo y el servidumbre, haciendo así necesaria la coalición de todas las fuerzas revolucionarias, desde el movimiento proletario del Occidente hasta el movimiento de liberación nacional del Oriente; cuando se hace imposible derrocar las supervivencias del régimen feudal y de la servidumbre sin una lucha revolucionaria contra el imperialismo; no creo que sea necesario demostrar que en un país más o menos desarrollado la revolución democrático-burguesa tiene que aproximarse, en estas condiciones, a la revolución proletaria, que la primera tiene que transformarse en la segunda. La historia de la revolución en Rusia ha evidenciado que esta tesis es cierta e indiscutible. Por algo Lenin, ya en 1905, en vísperas de la primera revolución rusa, presentaba la revolución democrático-burguesa y la revolución socialista, en su folleto "Dos tácticas", como dos eslabones de la misma cadena, como un lienzo único y completo de la magnitud de la revolución rusa.

"El proletariado debe llevar a término la revolución democrática, atrayéndose a la masa de los campesinos, para aplastar por la fuerza la resistencia de la autocracia y paralizar la inestabilidad de la burguesía. El proletariado debe llevar a cabo la revolución socialista, atrayéndose a la masa de los elementos semiproletarios de la población, para romper por la fuerza la resistencia de la burguesía y paralizar la inestabilidad de los campesinos y de la pequeña burguesía. Tales son las tareas del proletariado, que los partidarios de la nueva 'Iskra' conciben de un modo tan estrecho en todos sus razonamientos y resoluciones sobre la magnitud de la revolución" (v. *Lenin*, t. VIII, pág. 96).

Y no hablo ya de otros trabajos posteriores de Lenin, en los que la idea de la transformación de la revolución burguesa en revolución proletaria está expresada con mayor realce que en "Dos tácticas", como una de las piedras angulares de la teoría leninista de la revolución.

Según algunos camaradas, resulta que Lenin no concibió esta idea hasta 1916, y anteriormente consideraba que la revolución en Rusia se mantendría dentro de un marco burgués y que, por lo tanto, el Poder pasaría de manos del organismo de la dictadura del proletariado y del campesinado a manos de la burguesía, y no a manos del proletariado. Se dice que esa afirmación se ha deslizado incluso en nuestra prensa comunista. Debo señalar que esa afirmación es completamente falsa, que no corresponde, en lo más mínimo, a la realidad.

Podría remitirme al conocido discurso pronunciado por Lenin en el III Congreso del Partido (1905), en el que no calificó la dictadura del proletariado y del campesinado, es decir, el triunfo de la revolución democrática, de "organización del 'orden' ", sino de "organización de la guerra" (v. t. VII, pág. 264).

Podría remitirme, además, a los conocidos artículos de Lenin "Sobre el gobierno provisional" (1905)[12], en los que, describiendo la perspectiva del desarrollo de la revolución rusa, plantea al Partido la tarea de "conseguir que la revolución rusa no sea un movimiento de algunos meses, sino un movimiento de muchos años, que no conduzca tan sólo a obtener pequeñas concesiones de los detentadores del Poder, sino al derrumbamiento completo de éste", y en los que, desarrollando todavía más esta perspectiva y relacionándola con la revolución en Europa, prosigue:

"Y si esto se logra, entonces . . . , entonces las llamas del incendio revolucionario prenderán en Europa; el obrero europeo, cansado de la reacción burguesa, se levantará a

34

su vez y nos enseñará 'cómo se hacen las cosas'; entonces el impulso revolucionario de Europa repercutirá a su vez en Rusia y hará de una época de algunos años de revolución una época de varios decenios de revolución. . ." (v. lugar citado, pág. 191).

Podría remitirme, asimismo, a un conocido artículo de Lenin, publicado en noviembre de 1915, que dice:

"El proletariado lucha y seguirá luchando abnegadamente por la conquista del Poder, por la república, por la confiscación de las tierras . . . , por la participación de las 'masas populares *no* proletarias' en la obra de liberar a la Rusia *burguesa* del 'imperialismo' *militar-feudal* (es decir, el zarismo). Y el proletariado aprovechará *inmediatamente** esta liberación de la Rusia burguesa del yugo zarista, del poder de los terratenientes sobre la tierra, no para ayudar a los campesinos acomodados en su lucha contra los obreros agrícolas, sino para llevar a cabo la revolución socialista en alianza con los proletarios de Europa" (v. t. XVIII, pág. 318).

Podría, finalmente, remitirme al conocido pasaje del folleto de Lenin "La revolución proletaria y el renegado Kautsky", en que, refiriéndose al pasaje más arriba citado de "Dos tácticas" sobre la magnitud de la revolución, llega a la siguiente conclusión:

"Ha ocurrido tal y como nosotros dijimos. La marcha de la revolución ha confirmado la certeza de nuestro razonamiento. *Al principio*, con 'todos' los campesinos, contra la monarquía, contra los terratenientes, contra el me-

---

* Subrayado por mí. *J. St.*

dievalismo (y en este sentido, la revolución sigue siendo burguesa, democrático-burguesa). *Después*, con los campesinos pobres, con el semiproletariado, con todos los explotados, *contra el capitalismo*, comprendidos los ricachos del campo, los kulaks, los especuladores, y, por ello, la revolución se transforma en revolución *socialista*. Querer levantar una artificial muralla de China entre ambas revoluciones, separar la una de la otra por algo *que no sea* el grado de preparación del proletariado y el grado de su unión con los campesinos pobres, es la mayor tergiversación del marxismo, es adocenarlo, reemplazarlo por el liberalismo" (v. t. XXIII, pág. 391).

Me parece que con eso basta.

Bien, se nos dirá, pero ¿por qué, en este caso, Lenin combatió la idea de la "revolución permanente (ininterrumpida)"?

Porque Lenin proponía "sacar todo el partido posible" de la capacidad revolucionaria del campesinado y utilizar hasta la última gota su energía revolucionaria para la destrucción completa del zarismo, para pasar a la revolución proletaria, mientras que los partidarios de la "revolución permanente" no comprendían el importante papel del campesinado en la revolución rusa, menospreciaban la fuerza de la energía revolucionaria de los campesinos, menospreciaban la fuerza y la capacidad del proletariado ruso para llevar tras de sí a los campesinos y, de este modo, dificultaban la liberación de los campesinos de la influencia de la burguesía, la agrupación de los campesinos en torno al proletariado.

Porque Lenin proponía *coronar* la revolución con el paso del Poder al proletariado, mientras que los partidarios de la revolución "permanente" querían *empezar* directamente por el Poder del proletariado, sin comprender que, con ello, cerraban los ojos a una "pequeñez" como las supervivencias del régimen de servidumbre y no tomaban en consideración una fuerza tan importante como el campesinado ruso, sin comprender que semejante política únicamente podía ser un freno para la conquista de los campesinos por el proletariado.

Así, pues, Lenin no combatía a los partidarios de la revolución "permanente" por la cuestión de la continuidad, pues el propio Lenin sostenía el punto de vista de la revolución ininterrumpida, sino porque menospreciaban el papel de los campesinos, que son la reserva más importante del proletariado, y no comprendían la idea de la hegemonía del proletariado.

No puede decirse que la idea de la revolución "permanente" sea una idea nueva. El primero que la formuló fue Marx, a fines de la década del 40, en su conocido "Mensaje" a la "Liga de los Comunistas" (1850). De este documento fue de donde sacaron nuestros "permanentistas" la idea de la revolución ininterrumpida. Debe señalarse que, al tomar esta idea de Marx, nuestros "permanentistas" la modificaron un tanto, y, al modificarla, la "estropearon", haciéndola inservible para el uso práctico. Fue necesario que la mano experta de Lenin corrigiese este error, tomase la idea de Marx sobre la revolución ininterrumpida en su forma pura e hiciese de ella una de las piedras angulares de la teoría leninista de la revolución.

He aquí lo que dice Marx, en su "Mensaje", sobre la revolución ininterrumpida (permanente), después de haber enumerado una serie de reivindicaciones revolucionario-democráticas, a cuya conquista llama a los comunistas:

"Mientras que los pequeños burgueses democráticos quieren poner fin a la revolución lo más rápidamente que se pueda, después de haber obtenido, a lo sumo, las reivindicaciones arriba mencionadas, nuestros intereses y nuestras tareas consisten en hacer la revolución permanente hasta que sea descartada la dominación de las clases más o menos poseedoras, hasta que el proletariado conquiste el Poder del Estado, hasta que la asociación de los proletarios se desarrolle, y no sólo en un país, sino en todos los países predominantes del mundo, en proporciones tales, que cese la competencia entre los proletarios de estos países, y hasta que por lo menos las fuerzas productivas decisivas estén concentradas en manos del proletariado".[13]

En otras palabras:

a) Marx no proponía, en modo alguno, *comenzar* la revolución, en la Alemania de la década del 50, directamente por el Poder proletario, *contrariamente* a los planes de nuestros "permanentistas" rusos;

b) Marx sólo proponía que *se coronase* la revolución con el Poder estatal del proletariado, desalojando paso a paso de las alturas del Poder a una fracción de la burguesía tras otra, para, una vez instaurado el Poder del proletariado, encender la revolución en todos los países. *De completo acuerdo* con lo enunciado está todo lo que enseñó y llevó a la práctica Lenin en el transcurso de nuestra revolución, aplicando su teoría de la revolución proletaria en las condiciones del imperialismo.

Resulta, pues, que nuestros "permanentistas" rusos no sólo menospreciaban el papel del campesinado en la revolución rusa y la importancia de la idea de la hegemonía del proletariado, sino que modificaban (empeorándola) la idea de Marx sobre la revolución "permanente", haciéndola inservible para su aplicación práctica.

Por eso Lenin ridiculizaba la teoría de nuestros "permanentistas", calificándola de "original" y de "magnífica" y acusándolos de no querer "reflexionar acerca del por qué la vida llevaba diez años, ni más ni menos, pasando de largo por delante de esta magnífica teoría" (el artículo de Lenin fue escrito en 1915, a los diez años de aparecer en Rusia la teoría de los "permanentistas". Véase t. XVIII, pág. 317).

Por eso Lenin tildaba esta teoría de semimenchevique, diciendo que "toma de los bolcheviques el llamamiento a la lucha revolucionaria decidida del proletariado y a la conquista del Poder político por éste, y de los mencheviques, la 'negación' del papel de los campesinos" (v. el artículo de *Lenin* "Sobre las dos líneas de la revolución", lugar citado).

Eso es lo que hay en cuanto a la idea de Lenin sobre la transformación de la revolución democrático-burguesa en revolución proletaria, sobre el aprovechamiento de la revolución burguesa para pasar "inmediatamente" a la revolución proletaria.

Además, antes se creía imposible la victoria de la revolución en un solo país, suponiendo que, para alcanzar la victoria sobre la burguesía, era necesaria la acción conjunta de los proletarios de todos los países adelantados o, por lo menos, de la mayoría de ellos. Ahora, este punto de vista ya no corresponde a la realidad. Ahora hay que partir de la posibilidad de este triunfo, pues el desarrollo desigual y a saltos de los distintos países capitalistas en el imperialismo, el desarrollo, en el seno del imperialismo, de contradicciones catastróficas que llevan a guerras inevitables, el incremento del movimiento revolucionario en todos los países del mundo; todo ello no sólo conduce a la posibilidad, sino también a la necesidad del triunfo del proletariado en uno u otro país.

La historia de la revolución en Rusia es una prueba directa de ello. Unicamente debe tenerse en cuenta que el derrocamiento de la burguesía sólo puede lograrse si se dan algunas condiciones absolutamente indispensables, sin las cuales ni siquiera puede pensarse en la toma del Poder por el proletariado.

He aquí lo que dice Lenin acerca de estas condiciones en su folleto "La enfermedad infantil":

"La ley fundamental de la revolución, confirmada por todas las revoluciones, y en particular por las tres revoluciones rusas del siglo XX, consiste en lo siguiente: para la revolución no basta con que las masas explotadas y oprimidas tengan conciencia de la imposibilidad de seguir viviendo como viven y exijan cambios; para la revolución es necesario que los explotadores no puedan seguir viviendo y gobernando como viven y gobiernan. Sólo cuando *los 'de abajo' no quieren* y los 'de arriba' *no pueden seguir viviendo a la antigua*, sólo entonces puede triunfar la revolución. En otras palabras, esta verdad se expresa del modo siguiente: *la revolución es imposible sin una crisis nacional general (que afecte a explotados y explotadores)**. Por consiguiente, para hacer la revolución, hay, en primer lugar, que conseguir que la mayoría de los obreros (o, en todo caso, la mayoría de los obreros conscientes, reflexivos, políticamente activos) comprenda profundamente la necesidad de la revolución y esté dispuesta a sacrificar la vida por ella; en segundo lugar, es preciso que las clases gobernantes atraviesen una crisis gubernamental que arrastre a

---

* Subrayado por mí. *J. St.*

40

la política hasta a las masas más atrasadas . . . , que reduzca a la impotencia al gobierno y haga posible su rápido derrocamiento por los revolucionarios" (v. t. XXV, pág. 222).

Pero derrocar el Poder de la burguesía e instaurar el Poder del proletariado en un solo país no significa todavía garantizar el triunfo completo del socialismo. Después de haber consolidado su Poder y arrastrado consigo a los campesinos, el proletariado del país victorioso puede y debe edificar la sociedad socialista. Pero ¿significa esto que, con ello, el proletariado logrará el triunfo completo, definitivo, del socialismo, es decir, significa esto que el proletariado puede, con las fuerzas de un solo país, consolidar definitivamente el socialismo y garantizar completamente al país contra una intervención y, por tanto, contra la restauración? No. Para ello es necesario que la revolución triunfe, por lo menos, en algunos países. Por eso, desarrollar y apoyar la revolución en otros países es una tarea esencial para la revolución que ha triunfado ya. Por eso, la revolución del país victorioso no debe considerarse como una magnitud autónoma, sino como un apoyo, como un medio para acelerar el triunfo del proletariado en los demás países.

Lenin expresó este pensamiento en dos palabras, cuando dijo que la misión de la revolución triunfante consiste en llevar a cabo "el máximo de lo realizable en un solo país *p a r a* desarrollar, apoyar y despertar la revolución *en todos los países*" (v. t. XXIII, pág. 385).

Tales son, en términos generales, los rasgos característicos de la teoría leninista de la revolución proletaria.

IV

LA DICTADURA DEL PROLETARIADO

Analizaré tres cuestiones fundamentales de este tema:

a) la dictadura del proletariado como instrumento de la revolución proletaria;

b) la dictadura del proletariado como dominación del proletariado sobre la burguesía;

c) el Poder Soviético como forma estatal de la dictadura del proletariado.

1) *La dictadura del proletariado como instrumento de la revolución proletaria.* La cuestión de la dictadura del proletariado es, ante todo, la cuestión del contenido fundamental de la revolución proletaria. La revolución proletaria, su movimiento, su amplitud, sus conquistas, sólo toman cuerpo a través de la dictadura del proletariado. La dictadura del proletariado es el instrumento de la revolución proletaria, un organismo suyo, su punto de apoyo más importante, llamado a la vida, primero, para aplastar la resistencia de los explotadores derribados y consolidar las conquistas logradas y, segundo, para llevar a término la revolución proletaria, para llevarla hasta el triunfo completo del socialismo. Vencer a la burguesía y derrocar su Poder es cosa que la revolución podría hacer también sin la dictadura del proletariado. Pero aplastar la resistencia de la burguesía, sostener la victoria y seguir avanzando hasta el triunfo definitivo del socialismo, la revolución ya no puede si no crea, al llegar a una determinada fase de su desarrollo, un organismo especial, la dictadura del proletariado, que sea su principal apoyo.

"La cuestión del Poder es la fundamental en toda revolución" (*Lenin*). ¿Quiere esto decir que todo queda limitado a la toma del Poder, a la conquista del Poder? No. La toma del Poder no es más que el comienzo. La burguesía, derrocada en un país, sigue siendo todavía durante largo tiempo, por muchas razones, más fuerte que el proletariado que la ha derrocado. Por eso, todo consiste en mantenerse en el Poder, en consolidarlo, en hacerlo invencible. ¿Qué se precisa para alcanzar este fin? Se precisa cumplir, por lo menos, las tres tareas principales que se le plantean a la dictadura del proletariado "al día siguiente" de la victoria:

a) vencer la resistencia de los terratenientes y capitalistas derrocados y expropiados por la revolución, aplastar todas y cada una de sus tentativas para restaurar el Poder del capital;

b) organizar la edificación de modo que todos los trabajadores se agrupen en torno al proletariado y llevar a cabo esta labor con vistas a preparar la supresión, la destrucción de las clases;

c) armar a la revolución, organizar el ejército de la revolución para luchar contra los enemigos exteriores, para luchar contra el imperialismo.

Para llevar a cabo, para cumplir estas tareas, es necesaria la dictadura del proletariado.

"El paso del capitalismo al comunismo — dice Lenin — llena toda una época histórica. Mientras esta época histórica no finaliza, los explotadores siguen, inevitablemente, abrigando esperanzas de restauración, *esperanzas* que se convierten en *tentativas* de restauración. Después de la primera derrota seria, los explotadores derrocados, que no esperaban su derrocamiento, que no creían en él, que no aceptaban ni siquiera la idea de él, se lanzan con energía decuplicada, con pasión furiosa, con odio centuplicado, a la lucha por la restitución del 'paraíso' que les ha sido arrebatado, por sus familias, que antes disfrutaban de una vida tan regalada y a quienes ahora la 'canalla vil' condena a la ruina y a la miseria (o a un trabajo 'vil' . . .). Y tras de los capitalistas explotadores se arrastra una vasta masa de pequeña burguesía, de la que decenios de experiencia histórica en todos los países nos dicen que titubea y vacila, que hoy sigue al proletariado y mañana se asusta de las dificultades de la revolución, se deja llevar del pánico ante la primera derrota o semiderrota de los obreros, se pone nerviosa, se agita, lloriquea, pasa de un campo a otro" (v. t. XXIII, pág. 355).

La burguesía tiene sus razones para hacer tentativas de restauración, porque después de su derrocamiento sigue siendo, durante mucho tiempo todavía, más fuerte que el proletariado que la derrocó.

"Si los explotadores son derrotados solamente en un país — dice Lenin —, y éste es, naturalmente, el caso típico, porque la revolución simultánea en varios países constituye una excepción rara, seguirán siendo, *no obstante, más fuertes* que los explotados" (v. obra citada, pág. 354).

¿En qué consiste la fuerza de la burguesía derrocada?

En primer lugar, "en la fuerza del capital internacional, en la fuerza y la solidez de los vínculos internacionales de la burguesía" (v. t. XXV, pág. 173).

En segundo lugar, en que, "durante mucho tiempo después de la revolución, los explotadores siguen conservando, inevitablemente, muchas y enormes ventajas efectivas: les quedan el dinero (no es posible suprimir el dinero de golpe) y algunos que otros bienes muebles, con frecuencia valiosos; les quedan las relaciones, los hábitos de organización y administración, el conocimiento de todos los 'secretos' (costumbres, procedimientos, medios, posibilidades) de la administración; les quedan una instrucción más elevada y su intimidad con el alto personal técnico (que vive y piensa en burgués); les queda (y esto es muy importante) una experiencia infinitamente superior en lo que respecta al arte militar, etc., etc." (v. t. XXIII, pág. 354).

En tercer lugar, "en *la fuerza de la costumbre*, en la fuerza de la *pequeña producción*. Porque, desgraciadamente, queda todavía en el mundo mucha, muchísima pequeña producción, y la pequeña producción *engendra* capitalismo y burguesía constantemente, cada día, cada hora, espontáneamente y en masa". . . , porque "suprimir las clases no sólo significa expulsar a los terratenientes y a los capitalistas — esto lo hemos hecho nosotros con relativa facilidad —, sino también *suprimir los pequeños productores de mercancías*; pero a éstos *no se les puede expulsar*, no se les puede aplastar; con ellos *hay que convivir*, y sólo se puede (y se debe) transformarlos, reeducarlos, mediante una labor de organización muy larga, lenta y prudente" (v. t. XXV, págs. 173 y 189).

Por eso, Lenin dice:

"La dictadura del proletariado es la guerra más abnegada y más implacable de la nueva clase contra un enemigo *más poderoso*, contra la burguesía, cuya resistencia se ve *decuplicada* por su derrocamiento",

"la dictadura del proletariado es una lucha tenaz, cruenta e incruenta, violenta y pacífica, militar y económica, pedagógica y administrativa, contra las fuerzas y las tradiciones de la vieja sociedad" (v. obra citada, págs. 173 y 190).

No creo que sea necesario demostrar que es absolutamente imposible cumplir estas tareas en un plazo breve, llevar todo esto a la práctica en unos cuantos años. Por eso, en la dictadura del proletariado, en el paso del capitalismo al comunismo, no hay que ver un período efímero, que revista la forma de una serie de actos y decretos "revolucionarísimos", sino toda una época histórica, cuajada de guerras civiles y de choques exteriores, de una labor tenaz de organización y de edificación económica, de ofensivas y retiradas, de victorias y derrotas. Esta época histórica no sólo es necesaria para sentar las premisas económicas y culturales del triunfo completo del socialismo, sino también para dar al proletariado la posibilidad, primero, de educarse y templarse, constituyendo una fuerza capaz de gobernar el país, y, segundo, de reeducar y transformar a las capas pequeñoburguesas con vistas a asegurar la organización de la producción socialista.

"Tenéis que pasar — decía Marx a los obreros — por quince, veinte, cincuenta años de guerras civiles y batallas internacionales, no sólo para cambiar las relaciones existentes, sino también para cambiar vosotros mismos y llegar a ser capaces de ejercer la dominación política" (véase: *C. Marx y F. Engels,* Obras, t. VIII, pág. 506).

Continuando y desarrollando la idea de Marx, Lenin escribe:

"Bajo la dictadura del proletariado, habrá que reeducar a millones de campesinos y de pequeños propietarios, a centenares de miles de empleados, de funcionarios, de in-

46

telectuales burgueses, subordinándolos a todos al Estado proletario y a la dirección proletaria; habrá que vencer en ellos los hábitos burgueses y las tradiciones burguesas"; habrá también que ". . . reeducar . . . en lucha prolongada, sobre la base de la dictadura del proletariado, a los proletarios mismos, que no se desembarazan de sus prejuicios pequeñoburgueses de golpe, por un milagro, por obra y gracia del espíritu santo o por el efecto mágico de una consigna, de una resolución o un decreto, sino únicamente en una lucha de masas prolongada y difícil contra la influencia de las ideas pequeñoburguesas entre las masas" (v. t. XXV, págs. 248 y 247).

2) *La dictadura del proletariado como dominación del proletariado sobre la burguesía.* De lo dicho se desprende ya que la dictadura del proletariado no es un simple cambio de personas en el gobierno, un cambio de "gabinete", etc., que deja intacto el viejo orden económico y político. Los mencheviques y oportunistas de todos los países, que le temen a la dictadura como al fuego y, llevados por el miedo, suplantan el concepto dictadura por el concepto "conquista del Poder", suelen reducir la "conquista del Poder" a un cambio de "gabinete", a la subida al Poder de un nuevo ministerio, formado por individuos como Scheidemann y Noske, MacDonald y Henderson. No creo que sea necesario explicar que estos cambios de gabinete y otros semejantes no tienen nada que ver con la dictadura del proletariado, con la conquista del verdadero Poder por el verdadero proletariado. Los MacDonald y los Scheidemann en el Poder, dejando intacto el antiguo orden de cosas burgués, sus gobiernos — llamémoslos así — no pueden ser más que un aparato al servicio de la burguesía, un velo sobre las lacras del imperialismo, un

47

instrumento de la burguesía contra el movimiento revolucionario de las masas oprimidas y explotadas. Esos gobiernos los necesita el capital como pantalla, cuando para él es inconveniente, desventajoso, difícil, oprimir y explotar a las masas sin una pantalla. Naturalmente, la aparición de esos gobiernos es síntoma de que "entre ellos" (es decir, entre los capitalistas), "en Chipka", no reina la tranquilidad[14], pero, no obstante, los gobiernos de este tipo son, inevitablemente, gobiernos del capital enmascarados. De un gobierno MacDonald o Scheidemann a la conquista del Poder por el proletariado hay tanto trecho como de la tierra al cielo. La dictadura del proletariado no es un cambio de gobierno, sino un Estado nuevo, con nuevos organismos de Poder centrales y locales; es el Estado del proletariado, que surge sobre las ruinas del Estado antiguo, del Estado de la burguesía.

La dictadura del proletariado no surge sobre la base del orden de cosas burgués, sino en el proceso de su destrucción, después del derrocamiento de la burguesía, en el curso de la expropiación de los terratenientes y los capitalistas, en el curso de la socialización de los instrumentos y los medios de producción fundamentales, en el curso de la revolución violenta del proletariado. La dictadura del proletariado es un Poder revolucionario que se basa en la violencia contra la burguesía.

El Estado es una máquina puesta en manos de la clase dominante para aplastar la resistencia de sus enemigos de clase. *En este sentido*, la dictadura del proletariado realmente no se distingue en nada de la dictadura de cualquier otra clase, pues el Estado proletario es una máquina para aplastar a la burguesía. Pero hay aquí una diferencia *esencial*. Consiste esta diferencia en que todos los Estados de clase que han existido hasta hoy han sido la dictadura de una minoría explotadora sobre una mayoría explotada, mientras que la dictadura del proletariado es la dictadura de la mayoría explotada sobre la minoría explotadora.

En pocas palabras: *la dictadura del proletariado es la dominación del proletariado sobre la burguesía, dominación no limitada por la ley, y basada en la violencia y que goza de la simpatía y el apoyo de las masas trabajadoras y explotadas* (*Lenin*, "El Estado y la revolución").

De aquí se desprenden dos conclusiones fundamentales.

Primera conclusión. La dictadura del proletariado no puede ser "plena" democracia, democracia para *todos*, para los ricos y para los pobres; la dictadura del proletariado "debe ser un Estado democrático *de manera nueva* (*para** los proletarios y los desposeídos en general) y dictatorial *de manera nueva* (*contra*** la burguesía)" (v. t. XXI, pág. 393). Las frases de Kautsky y Cía. sobre la igualdad universal, sobre la democracia "pura", la democracia "perfecta", etc., no son más que la tapadera burguesa del hecho indudable de que la igualdad entre explotados y explotadores es imposible. La teoría de la democracia "pura" es una teoría de la aristocracia obrera, domesticada y cebada por los saqueadores imperialistas. Esta teoría fue sacada a luz para cubrir las lacras del capitalismo, para disfrazar el imperialismo y darle fuerza moral en la lucha contra las masas explotadas. Bajo el capitalismo no existen ni pueden existir verdaderas "libertades" para los explotados, aunque no sea más que por el hecho de que los locales, las imprentas, los depósitos de papel, etc., necesarios para ejercer estas "libertades", son privilegio de los explotadores. Bajo el capitalis-

---

* Subrayado por mí. *J. St.*
** *Ibid.*

mo, no se da ni puede darse una verdadera participación de las masas explotadas en la gobernación del país, aunque no sea más que por el hecho de que, bajo el capitalismo, aun en el régimen más democrático, los gobiernos no los forma el pueblo, sino que los forman los Rothschild y los Stinnes, los Rockefeller y los Morgan. Bajo el capitalismo, la democracia es una democracia *capitalista*, la democracia de la minoría explotadora, basada en la restricción de los derechos de la mayoría explotada y dirigida contra esta mayoría. Sólo bajo la dictadura proletaria puede haber verdaderas libertades para los explotados y una verdadera participación de los proletarios y de los campesinos en la gobernación del país. Bajo la dictadura del proletariado, la democracia es una democracia *proletaria*, la democracia de la mayoría explotada, basada en la restricción de los derechos de la minoría explotadora y dirigida contra esta minoría.

Segunda conclusión. La dictadura del proletariado no puede surgir como resultado del desarrollo pacífico de la sociedad burguesa y de la democracia burguesa; sólo puede surgir como resultado de la demolición de la máquina del Estado burgués, del ejército burgués, del aparato burocrático burgués, de la policía burguesa.

"La clase obrera no puede simplemente tomar posesión de la máquina estatal existente y ponerla en marcha para sus propios fines", dicen Marx y Engels en el prefacio al "Manifiesto del Partido Comunista". La revolución proletaria debe ". . . no hacer pasar de unas manos a otras la máquina burocrático-militar, como venía sucediendo hasta ahora, *sino demolerla* . . . , y ésta es la condición previa de toda verdadera revolución popular en el continente", dice Marx en una carta a Kugelmann, escrita en 1871.

La salvedad hecha por Marx respecto al continente ha servido de pretexto a los oportunistas y mencheviques de todos los países para gritar que Marx admitía la posibilidad de transformación pacífica de la democracia burguesa en democracia proletaria, por lo menos en algunos países que no forman parte del continente europeo (Inglaterra, Norteamérica). Marx admitía, en efecto, esta posibilidad, y tenía fundamento para ello en el caso de Inglaterra y Norteamérica en la década del 70 del siglo pasado, cuando aun no existía el capitalismo monopolista, cuando no existía el imperialismo y estos países no tenían aún, debido a las condiciones especiales en que se desenvolvieron, un militarismo y un burocratismo desarrollados. Así fue hasta la aparición del imperialismo desarrollado. Pero luego, treinta o cuarenta años más tarde, cuando la situación en estos países cambió radicalmente, cuando el imperialismo se desarrolló, abarcando a todos los países capitalistas, sin excepción, cuando el militarismo y el burocratismo hicieron su aparición en Inglaterra y en Norteamérica, cuando las condiciones especiales del desarrollo pacífico de Inglaterra y de Norteamérica desaparecieron, la salvedad hecha con respecto a estos países debía desaparecer por sí sola.

"Ahora, en 1917, en la época de la primera gran guerra imperialista — dice Lenin —, esta salvedad hecha por Marx pierde su razón de ser. Inglaterra y Norteamérica, los principales y los últimos representantes — en el mundo entero — de la 'libertad' anglosajona en el sentido de ausencia de militarismo y de burocratismo, han rodado definitivamente al inmundo y sangriento pantano, común a toda Europa, de las instituciones burocrático-militares, que todo lo someten y todo lo aplastan. Ahora, en Inglaterra y en

Norteamérica es 'condición previa de toda verdadera revolución popular' *d e m o l e r, d e s t r u i r* la 'máquina estatal existente' (que ha sido llevada allí, en los años de 1914 a 1917, a la perfección 'europea', a la perfección común a todos los países imperialistas)" (v. t. XXI, pág. 395).

En otras palabras: la ley de la revolución violenta del proletariado, la ley de la destrucción de la máquina del Estado burgués, como condición previa de esta revolución, es una ley inexcusable del movimiento revolucionario en los países imperialistas del mundo.

Claro está que, en un porvenir lejano, si el proletariado triunfa en los países capitalistas más importantes y el actual cerco capitalista es sustituido por un cerco socialista, será perfectamente posible la trayectoria "pacífica" de desarrollo para algunos países capitalistas, donde los capitalistas, debido a la "desfavorable" situación internacional, juzguen conveniente hacer "voluntariamente" al proletariado concesiones importantes. Pero esta hipótesis sólo se refiere a un porvenir lejano y probable. Para un porvenir cercano, esta hipótesis no tiene ningún fundamento, absolutamente ninguno.

Por eso, Lenin tiene razón cuando dice:

"La revolución proletaria es imposible sin la destrucción violenta de la máquina del Estado burgués y sin su sustitución por una máquina *nueva*" (v. t. XXIII, pág. 342).

3) *El Poder Soviético como forma estatal de la dictadura del proletariado.* El triunfo de la dictadura del proletariado significa el aplastamiento de la burguesía, la destrucción de la máquina del Estado burgués, la sustitución de la democracia burguesa por la democracia proletaria. Eso está claro. Pero ¿por medio de qué organizaciones se puede llevar

a cabo esta gigantesca labor? Difícilmente podrá dudarse de que las viejas formas de organización del proletariado, surgidas sobre la base del parlamentarismo burgués, son insuficientes para ello. ¿Cuáles son, pues, las nuevas formas de organización del proletariado aptas para desempeñar el papel de sepultureros de la máquina del Estado burgués, aptas, no sólo para destruir esta máquina y no sólo para sustituir la democracia burguesa por la democracia proletaria, sino para constituir la base del Poder estatal proletario?

Esta nueva forma de organización del proletariado son los Soviets.

¿En qué consiste la fuerza de los Soviets, en comparación con las viejas formas de organización?

En que los Soviets son las organizaciones de masas del proletariado *más vastas*, pues los Soviets, y sólo ellos, encuadran a todos los obreros, sin excepción.

En que los Soviets son las *únicas* organizaciones de masas que engloban a todos los oprimidos y explotados, a los obreros y los campesinos, a los soldados y los marinos, y que, en consecuencia, permiten a la vanguardia de las masas, el proletariado, ejercer con la mayor sencillez y la mayor plenitud la dirección política de la lucha de las masas.

En que los Soviets son los *organismos más poderosos* de la lucha revolucionaria de las masas, de las acciones políticas de las masas, de la insurrección de las masas, organismos capaces de destruir la omnipotencia del capital financiero y de sus apéndices políticos.

En que los Soviets son organizaciones *directas* de las mismas masas, es decir, las organizaciones *más democráticas* y, por tanto, las que gozan de mayor prestigio entre las masas. Los Soviets facilitan al máximo la participación de las masas en la organización del nuevo Estado y en su gobernación y abren el máximo campo de acción a la energía revolucionaria, a la iniciativa y a la capacidad creadora de las masas en la lucha por la destrucción del antiguo orden de cosas, en la lucha por un orden de cosas nuevo, por un orden de cosas proletario.

El Poder Soviético es la unificación y estructuración de los Soviets locales en una organización general de Estado, en la organización estatal del proletariado como vanguardia de las masas oprimidas y explotadas y como clase dominante, su unificación en la República de los Soviets.

La esencia del Poder Soviético consiste en que las organizaciones más de masas y más revolucionarias de las clases que, precisamente, eran oprimidas por los capitalistas y terratenientes, constituyen ahora "la base *permanente y única* de todo el Poder estatal, de todo el aparato del Estado", en que, "precisamente a estas masas, que hasta en las repúblicas burguesas más democráticas", aun siendo iguales en derechos según la ley, "se veían apartadas de hecho, por mil procedimientos y artimañas, de la participación en la vida política y privadas de los derechos y de las libertades democráticas, se les da ahora una participación *permanente*, ineludible, y además *decisiva*, en la dirección democrática del Estado"* (v. *Lenin*, t. XXIV, pág. 13).

Por eso, el Poder Soviético es una *nueva forma* de organización estatal, que se distingue por principio de la vieja forma democrático-burguesa y parlamentaria, un *nuevo tipo* de Estado, no adaptado para la explotación y la opresión de las masas trabajadoras, sino para la liberación completa de estas masas de toda opresión y de toda explotación, adaptado para las tareas de la dictadura del proletariado.

---

* Subrayado en todas partes por mí. *J. St.*

Lenin tiene razón cuando dice que, con la aparición del Poder Soviético, "la época del parlamentarismo democrático-burgués ha terminado y se abre un nuevo capítulo de la historia universal: la época de la dictadura proletaria".

¿En qué consisten los rasgos característicos del Poder Soviético?

En que el Poder Soviético es la organización del Estado más de masas y más democrática de todas las organizaciones del Estado posibles mientras existan las clases, pues, siendo el terreno en que se realiza la alianza y la colaboración de los obreros y de los campesinos explotados en la lucha contra los explotadores, y apoyándose para su labor en esta alianza y en esta colaboración, constituye, por ello, el Poder de la mayoría de la población sobre la minoría, el Estado de esa mayoría, la expresión de su dictadura.

En que el Poder Soviético es la más internacionalista de todas las organizaciones estatales de la sociedad de clases, porque, destruyendo toda opresión nacional y apoyándose en la colaboración de las masas trabajadoras de distintas nacionalidades, facilita, por ello, la agrupación de estas masas en una sola entidad estatal.

En que el Poder Soviético facilita, por su misma estructura, la dirección de las masas oprimidas y explotadas por su vanguardia, por el proletariado, el núcleo más cohesionado y más consciente de los Soviets.

"La experiencia de todas las revoluciones y de todos los movimientos de las clases oprimidas, la experiencia del movimiento socialista mundial —dice Lenin—, nos enseña que sólo el proletariado es capaz de reunir y de llevar tras de sí a las capas dispersas y atrasadas de la población trabajadora y explotada" (v. t. XXIV, pág. 14). Y la realidad es que la estructura del Poder Soviético facilita la aplicación de las enseñanzas de esa experiencia.

En que el Poder Soviético, al fundir el Poder legislativo y el Poder ejecutivo en una organización única de Estado y sustituir los distritos electorales de tipo territorial por las unidades de producción — las fábricas —, pone a las masas obreras, y a las masas trabajadoras en general, en relación directa con el aparato de dirección del Estado y las enseña a gobernar el país.

En que sólo el Poder Soviético es capaz de liberar al ejército de su subordinación al mando burgués y de convertirlo, de un instrumento para oprimir al pueblo, como es bajo el régimen burgués, en un instrumento que libera al pueblo del yugo de la burguesía, tanto de la propia como de la ajena.

En que "sólo la organización soviética del Estado puede en realidad demoler de golpe y destruir definitivamente el viejo aparato, es decir, el aparato burocrático y judicial burgués" (v. lugar citado).

En que sólo la forma soviética de Estado, que incorpora a la participación permanente e incondicional en la dirección del Estado a las organizaciones de masas de los trabajadores y explotados, es capaz de preparar la extinción del Estado, lo que constituye uno de los elementos fundamentales de la futura sociedad sin Estado, de la sociedad comunista.

La República de los Soviets es, por lo tanto, la forma política buscada, y al fin descubierta, dentro de cuyo marco debe alcanzarse la liberación económica del proletariado, el triunfo completo del socialismo.

La Comuna de París fue el germen de esta forma. El Poder Soviético es su desarrollo y su coronamiento.

Por eso, Lenin dice que:

"la República de los Soviets de Diputados Obreros, Soldados y Campesinos no es sólo una forma de instituciones democráticas de tipo más elevado..., sino la *única** forma capaz de asegurar el tránsito menos doloroso al socialismo" (v. t. XXII, pág. 131).

V

LA CUESTION CAMPESINA

Analizaré cuatro cuestiones de este tema:
a) planteamiento de la cuestión;
b) el campesinado durante la revolución democrático-burguesa;
c) el campesinado durante la revolución proletaria;
d) el campesinado después de la consolidación del Poder Soviético.

1) *Planteamiento de la cuestión.* Algunos piensan que lo fundamental en el leninismo es la cuestión campesina, que el punto de partida del leninismo es la cuestión del campesinado, de su papel, de su peso específico. Esto es completamente falso. La cuestión fundamental del leninismo, su punto de partida, no es la cuestión campesina, sino la cuestión de la dictadura del proletariado, de las condiciones en que ésta se conquista y de las condiciones en que se consolida. La cuestión campesina, como cuestión del aliado del proletariado en su lucha por el Poder, es una cuestión derivada.

---

* Subrayado por mí. *J. St.*

Sin embargo, esta circunstancia no reduce en lo más mínimo la grande y candente importancia que tiene, sin duda, esta cuestión para la revolución proletaria. Es sabido que, entre los marxistas rusos, la cuestión campesina empezó a estudiarse a fondo en vísperas precisamente de la primera revolución (1905), cuando el derrocamiento del zarismo y la realización de la hegemonía del proletariado se plantearon en toda su magnitud ante el Partido y la cuestión del aliado del proletariado en la revolución burguesa inminente adquirió un carácter palpitante. Es sabido también que la cuestión campesina cobró en Rusia mayor actualidad todavía durante la revolución proletaria, cuando la cuestión de la dictadura del proletariado, de su conquista y de su mantenimiento planteó el problema de los aliados del proletariado en la revolución proletaria inminente. Es comprensible: quien marcha hacia el Poder y se prepara para él, no puede dejar de interesarse por el problema de sus verdaderos aliados.

En este sentido, la cuestión campesina es una parte de la cuestión general de la dictadura del proletariado y, como tal, una de las cuestiones más palpitantes del leninismo.

La indiferencia, e incluso la actitud francamente negativa de los partidos de la II Internacional ante la cuestión campesina, no se debe sólo a las condiciones específicas del desarrollo en el Occidente. Se debe, ante todo, a que esos partidos no creen en la dictadura del proletariado, temen la revolución y no piensan en llevar el proletariado al Poder. Y quien teme la revolución, quien no quiere llevar a los proletarios al Poder, no puede interesarse por la cuestión de los aliados del proletariado en la revolución; para esa gente, la cuestión de los aliados es una cuestión sin importancia, sin ninguna actualidad. Los héroes de la II Internacional consideran su actitud irónica hacia la cuestión campesina como de buen tono, como marxismo "auténtico". En realidad, esta actitud no tiene ni un ápice de marxismo, pues la indiferencia ante una cuestión tan importante como la campesina, en vísperas de la revolución proletaria, es el reverso de la negación de la dictadura del proletariado, un síntoma indudable de franca traición al marxismo.

La cuestión se plantea así: ¿*están ya agotadas* las posibilidades revolucionarias que, como resultado de determinadas condiciones de su existencia, encierra en su seno la masa campesina o no lo están? Y, si no lo están, ¿hay la *esperanza* de aprovechar estas posibilidades *para* la revolución proletaria, de convertir al campesinado, a su mayoría explotada, de reserva de la burguesía, como lo fue durante las revoluciones burguesas del Occidente y lo sigue siendo en la actualidad, en reserva del proletariado, en aliado de éste?, ¿hay *fundamento* para ello?

El leninismo da a esta pregunta una respuesta afirmativa, es decir, reconoce la existencia de una capacidad revolucionaria en la mayoría de los campesinos y la posibilidad de aprovechar esa capacidad en interés de la dictadura del proletariado.

La historia de tres revoluciones en Rusia confirma plenamente las conclusiones del leninismo a este respecto.

De aquí la conclusión práctica de apoyar a las masas trabajadoras del campo en su lucha contra el sojuzgamiento y la explotación, en su lucha por redimirse de la opresión y de la miseria. Esto no significa, naturalmente, que el proletariado deba apoyar *todo* movimiento campesino. Debe apoyar, concretamente, los movimientos y las luchas de los campesinos que contribuyan directa o indirectamente al movimiento de liberación del proletariado, que, de una u otra forma, lleven el agua al molino de la revolución proletaria, que contribuyan a convertir a los campesinos en reserva y aliado de la clase obrera.

2) *El campesinado durante la revolución democrático-burguesa*. Este período se extiende de la primera revolución rusa (1905) a la segunda (febrero de 1917) inclusive. El rasgo característico de este período consiste en que los campesinos se emancipan de la influencia de la burguesía liberal, en que los campesinos *se apartan* de los demócratas constitucionalistas, en que *viran* hacia el proletariado, hacia el Partido Bolchevique. La historia de este período es la historia de la lucha entre los demócratas constitucionalistas (burguesía liberal) y los bolcheviques (proletariado) por conquistar a los campesinos. La suerte de esta lucha la decidió el período de las Dumas, pues el período de las cuatro Dumas fue para los campesinos una lección palmaria, y esa lección les hizo ver con toda nitidez que de manos de los demócratas constitucionalistas no recibirían ni la tierra ni la libertad, que el zar se hallaba por entero al lado de los terratenientes y que los demócratas constitucionalistas apoyaban al zar; que la única fuerza con cuya ayuda podrían contar eran los obreros de la ciudad, el proletariado. La guerra imperialista no hizo más que confirmar la lección del período de las Dumas, apartando definitivamente a los campesinos de la burguesía, aislando definitivamente a la burguesía liberal, pues los años de guerra demostraron qué vano y qué ilusorio era esperar la paz de manos del zar y de sus aliados burgueses. Sin las palmarias enseñanzas del período de las Dumas hubiera sido imposible la hegemonía del proletariado.

Así fue como se llegó a la alianza de los obreros y los campesinos en la revolución democrático-burguesa. Así fue como se llegó a la hegemonía (dirección) del proletariado en la lucha conjunta por el derrocamiento del zarismo, hegemonía que llevó a la revolución de febrero de 1917.

Las revoluciones burguesas del Occidente (Inglaterra, Francia, Alemania, Austria) siguieron, como es sabido, otro camino. Allí, la hegemonía no perteneció al proletariado, que, por su debilidad, no era ni podía ser una fuerza política independiente, sino a la burguesía liberal. Allí, los campesinos no obtuvieron su liberación del régimen de servidumbre de manos del proletariado, poco numeroso y mal organizado, sino de manos de la burguesía. Allí, los campesinos marchaban contra el antiguo orden de cosas al lado de la burguesía liberal. Allí, los campesinos eran una reserva de la burguesía. Allí, la revolución se tradujo, por las causas señaladas, en un enorme aumento del peso político de la burguesía.

En Rusia, por el contrario, la revolución burguesa tuvo resultados diametralmente opuestos. En Rusia, la revolución no se tradujo en el fortalecimiento, sino en el debilitamiento de la burguesía como fuerza política; no aumentó sus reservas políticas, sino que le hizo perder su reserva fundamental: el campesinado. En Rusia, la revolución burguesa no colocó en primer plano a la burguesía liberal, sino al proletariado revolucionario, agrupando en torno a éste a los millones y millones de campesinos.

A ésta, entre otras razones, se debe el que la revolución burguesa en Rusia se transformase, en un plazo relativamente breve, en revolución proletaria. La hegemonía del proletariado fue el germen de su dictadura, el peldaño que llevó hasta ella.

¿A qué se debe este fenómeno peculiar de la revolución rusa, este fenómeno sin precedente en la historia de las revoluciones burguesas del Occidente? ¿Cuál es el origen de esta peculiaridad?

Se debe a que la revolución burguesa tuvo lugar en Rusia en condiciones de un mayor desarrollo de la lucha de clases que en el Occidente, a que el proletariado ruso constituía ya, a la sazón, una fuerza política independiente, mientras que la burguesía liberal, asustada por el espíritu revolucionario del proletariado, había perdido todo tinte revolucionario (particularmente después de las enseñanzas de 1905) y había virado hacia una alianza con el zar y con los terratenientes contra la revolución, contra los obreros y los campesinos.

Conviene fijar la atención en las siguientes circunstancias, que determinaron el carácter peculiar de la revolución burguesa rusa:

a) La extraordinaria concentración de la industria rusa en vísperas de la revolución. Es sabido, por ejemplo, que el 54% de todos los obreros de Rusia trabajaban en empresas de más de 500 obreros, mientras que en un país tan desarrollado como los Estados Unidos sólo trabajaban en empresas análogas el 33% de los obreros. No creo que sea necesario demostrar que ya esta sola circunstancia, unida a la existencia de un partido tan revolucionario como el Partido Bolchevique, hacía de la clase obrera de Rusia la fuerza más importante en la vida política del país.

b) Las escandalosas formas de explotación que imperaban en las empresas, unidas al intolerable régimen policíaco de los esbirros zaristas, hacían de toda huelga importante de los obreros un acto político formidable y templaban a la clase obrera como una fuerza consecuentemente revolucionaria.

c) La flaqueza política de la burguesía rusa, que después de la revolución de 1905 se transformó en servilismo ante la autocracia zarista y en contrarrevolución manifiesta, no sólo porque el espíritu revolucionario del proletariado ruso hizo a la burguesía rusa lanzarse en brazos del zarismo, sino también porque esta burguesía dependía directamente de los encargos del gobierno.

d) La existencia de los vestigios más escandalosos y más intolerables de la servidumbre en el campo, complementados por la omnipotencia de los terratenientes, circunstancia que echó a los campesinos en brazos de la revolución.

e) El zarismo, que ahogaba todo lo vivo e intensificaba con sus arbitrariedades la opresión ejercida por los capitalistas y los terratenientes, circunstancia que fundió la lucha de los obreros y de los campesinos en un solo torrente revolucionario.

f) La guerra imperialista, que fundió todas estas contradicciones de la vida política de Rusia en una profunda crisis revolucionaria y dio al empuje de la revolución una fuerza increíble.

En estas condiciones, ¿hacia dónde podían orientarse los campesinos? ¿En quién iban a buscar apoyo contra la omnipotencia de los terratenientes, contra las arbitrariedades del zar, contra la guerra desastrosa, que arruinaba sus haciendas? ¿En la burguesía liberal? La burguesía liberal era enemiga; así lo había demostrado la larga experiencia de las cuatro Dumas. ¿En los eseristas? Los eseristas eran, naturalmente, "mejores" que los demócratas constitucionalistas y tenían un programa "aceptable", casi campesino; pero ¿qué podían darles los eseristas, si pensaban apoyarse sólo en los campesinos y eran débiles en la ciudad, de donde, ante todo, sacaba sus fuerzas el enemigo? ¿Dónde estaba la nueva fuerza que no se detendría ante nada, ni en el campo ni en la ciudad, que se situaría valientemente en las primeras filas en la lucha contra el zar y los terratenientes, que ayudaría al campesinado a romper las cadenas de la esclavitud, de la falta de tierra, de la opresión, de la guerra? ¿Existía, en general, en Rusia semejante fuerza? Sí, sí que existía. Era el proletariado ruso, que había puesto ya de manifiesto en 1905 su fuerza, su capacidad para luchar hasta el fin, su valentía, su espíritu revolucionario.

En todo caso, no existía ninguna otra fuerza semejante, ni había de dónde sacarla.

Por eso, los campesinos, después de apartarse de los demócratas constitucionalistas y de acercarse a los eseristas, llegaron a comprender la necesidad de someterse a la dirección de un jefe de la revolución tan valiente como el proletariado ruso.

Tales fueron las circunstancias que determinaron el carácter peculiar de la revolución burguesa en Rusia.

3) *El campesinado durante la revolución proletaria.* Este período se extiende de la revolución de febrero (1917) a la Revolución de Octubre (1917). Es un período relativamente breve, en total ocho meses, pero, desde el punto de vista de la formación política y de la educación revolucionaria de las masas, esos ocho meses bien pueden ser equiparados a largos decenios de desarrollo constitucional ordinario, pues son ocho meses de *revolución*. El rasgo característico de este período es que los campesinos se hacen más revolucionarios, se desengañan de los eseristas, *se apartan* de ellos y dan un nuevo *viraje* para *agruparse de manera directa* en torno al proletariado, como única fuerza revolucionaria consecuente hasta el fin, capaz de llevar el país a la paz. La historia de este período es la historia de la lucha de los eseristas (democracia pequeñoburguesa) y de los bolcheviques (democracia proletaria) por conquistar a los campesinos, por

ganarse a la mayoría de los campesinos. Decidieron la suerte
de esta lucha el período de la coalición, el período de la
kerenskiada, la negativa de los eseristas y los mencheviques
a confiscar las tierras de los terratenientes, la lucha de los
eseristas y los mencheviques por la continuación de la guerra,
la ofensiva de junio en el frente, la pena de muerte para los
soldados y la sublevación de Kornílov.

Si antes, en el período anterior, la cuestión fundamental de la revolución era derrocar al zar y el Poder de los
terratenientes, ahora, en el período siguiente a la revolución
de febrero, en el que ya no había zar, y la guerra, intermi-
nable, daba el golpe de gracia a la economía del país,
arruinando enteramente a los campesinos, la cuestión fundamental de la revolución era acabar con la guerra. El
centro de gravedad se había desplazado, sin dejar lugar a
dudas, de las cuestiones de carácter puramente interior a
la cuestión fundamental: a la cuestión de la guerra. "Poner
fin a la guerra", "librarse de la guerra": tal era el clamor
general del país extenuado y, sobre todo, de los campesinos.

Ahora bien, para librarse de la guerra, había que derrocar al Gobierno Provisional, había que derrocar el Poder de
la burguesía, había que derrocar el Poder de los eseristas
y los mencheviques, porque eran ellos, y sólo ellos, quienes
dilataban la guerra hasta "la victoria final". En realidad,
no había más camino para salir de la guerra que el derrocamiento de la burguesía.

Fue aquélla una nueva revolución, una revolución proletaria, porque arrojaba del Poder a la última fracción, a la
fracción de extrema izquierda de la burguesía imperialista,
a los partidos eserista y menchevique, para crear un nuevo
Poder, un Poder proletario, el Poder de los Soviets, para
llevar al Poder al Partido del proletariado revolucionario,

al Partido Bolchevique, al Partido de la lucha revolucionaria contra la guerra imperialista y por una paz democrática. La mayoría de los campesinos apoyó la lucha de los obreros por la paz, por el Poder de los Soviets.

Para los campesinos no había otra salida. No podía haber otra salida.

El período de la kerenskiada fue, por tanto, la enseñanza más palmaria para las masas trabajadoras del campo, pues demostró evidentemente que, bajo el Poder de los eseristas y de los mencheviques, el país no se libraría de la guerra, y los campesinos no obtendrían ni la tierra ni la libertad; que los mencheviques y los eseristas sólo se distinguían de los demócratas constitucionalistas por sus discursos melifluos y sus promesas engañosas, practicando, en realidad, la misma política imperialista que los demócratas constitucionalistas; que el único Poder capaz de sacar al país del atolladero era el Poder de los Soviets. La prolongación de la guerra no hizo más que confirmar lo acertado de esta lección, espoleando la revolución e impulsando a millones y millones de campesinos y soldados a *agruparse de manera directa* en torno a la revolución proletaria. El aislamiento de los eseristas y de los mencheviques llegó a ser un hecho indudable. Sin las enseñanzas palmarias del período de la coalición, no hubiera sido posible la dictadura del proletariado.

Tales fueron las circunstancias que facilitaron el proceso de transformación de la revolución burguesa en revolución proletaria.

Así se llegó en Rusia a la dictadura del proletariado.

4) *El campesinado después de la consolidación del Poder Soviético.* Si antes, en el primer período de la revolución, la cuestión consistía principalmente en derrocar el zarismo,

y más tarde, después de la revolución de febrero, consistía, ante todo, en salir de la guerra imperialista mediante el derrocamiento de la burguesía, ahora, después de terminada la guerra civil y consolidado el Poder Soviético, pasan a primer plano las cuestiones de la edificación económica. Reforzar y desarrollar la industria nacionalizada; ligar, a este efecto, la industria con la economía campesina a través del comercio regulado por el Estado; sustituir el sistema de contingentación por el impuesto en especie, para luego, disminuyendo gradualmente este impuesto, pasar al cambio de artículos industriales por productos de la economía campesina; reanimar el comercio y desarrollar la cooperación, atrayendo a ésta a millones de campesinos: así esbozaba Lenin las tareas inmediatas de la edificación económica, encaminada a sentar los cimientos de la economía socialista.

Dicen que esta tarea puede ser superior a las fuerzas de un país campesino como Rusia. Algunos escépticos llegan incluso a afirmar que esta tarea es puramente utópica, irrealizable, porque los campesinos son campesinos, es decir, pequeños productores, y no pueden, por tanto, ser utilizados para organizar los cimientos de la producción socialista.

Pero los escépticos se equivocan, porque no toman en consideración algunas circunstancias que tienen, en este caso, una importancia decisiva. Veamos las principales.

Primera. No hay que confundir al campesinado de la Unión Soviética con el campesinado del Occidente. Un campesinado que ha pasado por la escuela de tres revoluciones, que ha luchado del brazo del proletariado y bajo la dirección del proletariado contra el zar y el Poder burgués, un campesinado que ha recibido de manos de la revolución proletaria la tierra y la paz y que, por ello, se ha convertido en reserva del proletariado, este campesinado no puede por menos de diferenciarse del campesinado que ha luchado en la revolución burguesa bajo la dirección de la burguesía liberal, ha recibido la tierra de manos de esta burguesía y se ha convertido, por ello, en reserva de la burguesía. Huelga demostrar que el campesino soviético, acostumbrado a apreciar la amistad política y la colaboración política del proletariado y que debe su libertad a esta amistad y a esta colaboración, no puede por menos de estar extraordinariamente predispuesto a colaborar económicamente con el proletariado.

Engels decía que "la conquista del Poder político por el partido socialista se ha ido dibujando como una meta próxima", que, "para conquistar el Poder político, este partido tiene antes que ir de la ciudad al campo y convertirse aquí en una potencia" (v. *Engels*, "El problema campesino", ed. 1922[15]). Engels escribió estas palabras en el último decenio del siglo pasado, refiriéndose a los campesinos del Occidente. ¿Es necesario demostrar que los comunistas rusos, que han llevado a cabo en este terreno una labor gigantesca en el transcurso de tres revoluciones, han conseguido crearse ya en el campo una influencia y un apoyo con los que nuestros compañeros del Occidente no pueden ni siquiera soñar? ¿Cómo es posible negar que esta circunstancia no puede por menos de facilitar de modo radical el establecimiento de la colaboración económica entre la clase obrera y los campesinos de Rusia?

Los escépticos repiten machaconamente que los pequeños campesinos son un factor incompatible con la edificación socialista. Pero escuchad lo que dice Engels a propósito de los pequeños campesinos del Occidente:

"Nosotros estamos resueltamente de parte del pequeño campesino; haremos todo cuanto sea admisible para hacer más llevadera su suerte, para hacerle más fácil el paso al régimen cooperativo, caso de que se decida a él, e incluso para facilitarle un largo plazo de tiempo para que lo piense en su parcela, si no se decide a tomar todavía esta determinación. Y lo haremos así, no sólo porque consideramos posible el paso a nuestro lado del pequeño campesino que trabaja su tierra, sino además por un interés directo de partido. Cuanto mayor sea el número de campesinos a quienes ahorremos su caída efectiva en el proletariado, a quienes podamos ganar ya para nosotros como campesinos, más rápida y fácilmente se llevará a cabo la transformación social. No está en nuestro interés el tener que esperar, para esta transformación, a que se desarrolle en todas partes, hasta sus últimas consecuencias, la producción capitalista, a que hayan caído en las garras de la gran explotación capitalista hasta el último pequeño artesano y el último pequeño campesino. Los sacrificios materiales que haya que hacer en este sentido en interés de los campesinos, a costa de los fondos públicos, podrán ser considerados, desde el punto de vista de la economía capitalista, como dinero tirado, pero serán, a pesar de eso, una excelente inversión, pues ahorrarán, tal vez, una cantidad decuplicada en los gastos de la reorganización de la sociedad en general. Por tanto, en este sentido podremos proceder con los campesinos muy generosamente" (v. obra citada).

Así hablaba Engels, refiriéndose a los campesinos del Occidente. Pero ¿no está claro, acaso, que lo que Engels dice no puede llevarse a cabo en ningún sitio con tanta facilidad ni plenitud como en el país de la dictadura del proletariado? ¿Acaso no está claro que sólo en la Rusia Soviética puede darse sin dilación e íntegramente "el paso a nuestro lado del pequeño campesino que trabaja su tierra" y que los "sacrificios materiales" y la "generosidad respecto a los campesinos", necesarios para ello, así como otras medidas análogas en beneficio de los campesinos, se aplican ya en Rusia? ¿Cómo puede negarse que esta circunstancia tiene, a su vez, que facilitar e impulsar la edificación económica del País Soviético?

Segunda. No hay que confundir la agricultura de Rusia con la del Occidente. En el Occidente, la agricultura se desarrolla siguiendo la ruta habitual del capitalismo, en medio de una profunda diferenciación de los campesinos, con grandes fincas y latifundios privados capitalistas en uno de los polos, y, en el otro, pauperismo, miseria y esclavitud asalariada. Allí son completamente naturales, a consecuencia de ello, la disgregación y la descomposición. No sucede así en Rusia. En nuestro país, la agricultura no puede desarrollarse siguiendo esa ruta, ya que la existencia del Poder Soviético y la nacionalización de los instrumentos y medios de producción fundamentales no permiten semejante desarrollo. En Rusia, el desarrollo de la agricultura debe seguir otro camino, el camino de la cooperación de millones de campesinos pequeños y medios, el camino del desarrollo de la cooperación en masa en el campo, fomentada por el Estado mediante créditos concedidos en condiciones ventajosas. Lenin indicaba acertadamente, en sus artículos sobre la cooperación, que el desarrollo de la agricultura de nuestro país debía seguir un camino nuevo, incorporando a la mayoría de los campesinos a la edificación socialista a través de la cooperación, introduciendo gradualmente en la economía rural el principio del colectivismo, primero en la venta de los productos agrícolas y después en su producción.

En este sentido, son sumamente interesantes algunos fenómenos nuevos que se presentan en el campo, en relación con la cooperación agrícola. Es sabido que en el seno de la Unión de Cooperativas Agrícolas[16] han surgido, en diferentes ramas de la economía rural — en la producción de lino, de patata, de manteca, etc. —, nuevas y fuertes organizaciones con un gran porvenir. Entre ellas figura, por ejemplo, la Cooperativa Central del Lino, que agrupa a toda una red de cooperativas campesinas de producción de lino. La Cooperativa Central del Lino se ocupa de suministrar a los campesinos semillas e instrumentos de producción, compra después a los mismos campesinos toda su producción de lino, la vende en gran escala en el mercado, garantiza a los campesinos una participación en los beneficios y, de este modo, liga la economía campesina, a través de la Unión de Cooperativas Agrícolas, con la industria del Estado. ¿Qué nombre debe darse a semejante forma de organización de la producción? Se trata, a mi juicio, de un sistema doméstico de gran producción agrícola socialista de Estado. Hablo de un sistema doméstico de producción socialista de Estado por analogía con el sistema de trabajo a domicilio del capitalismo, por ejemplo, en la industria textil, donde los artesanos, que recibían del capitalista la materia prima y los instrumentos de trabajo y le entregaban toda su producción, eran de hecho obreros semiasalariados a domicilio. Este es uno de los numerosos ejemplos indicadores del camino que debe seguir en nuestro país el desarrollo de la agricultura. Ya no hablo aquí de otros ejemplos de la misma índole en otras ramas de la agricultura.

No creo que sea necesario demostrar que la inmensa mayoría de los campesinos seguirá de buen grado esta nueva vía de desarrollo, rechazando la vía de los latifundios privados capitalistas y de la esclavitud asalariada, la vía de la miseria y de la ruina.

He aquí lo que dice Lenin de las vías del desarrollo de nuestra agricultura:

"Todos los grandes medios de producción en Poder del Estado y el Poder del Estado en manos del proletariado; la alianza de este proletariado con millones y millones de pequeños y muy pequeños campesinos; asegurar la dirección de los campesinos por el proletariado, etc., ¿acaso no es esto todo lo que se necesita para edificar la sociedad socialista completa partiendo de la cooperación, y nada más que de la cooperación, a la que antes tratábamos de mercantilista y que ahora, bajo la Nep, merece también, en cierto modo, el mismo trato; acaso no es esto todo lo imprescindible para edificar la sociedad socialista completa? Eso no es todavía la edificación de la sociedad socialista, pero sí todo lo imprescindible y lo suficiente para esta edificación" (v. t. XXVII, pág. 392).

Hablando más adelante de la necesidad de prestar apoyo financiero y de toda otra índole a la cooperación, como a un "nuevo principio de organización de la población" y a un nuevo "régimen social" bajo la dictadura del proletariado, Lenin dice:

"Todo régimen social surge exclusivamente con el apoyo financiero de una clase determinada. Huelga recordar los centenares y centenares de millones de rublos que costó el nacimiento del 'libre' capitalismo. Ahora debemos comprender, para obrar en consecuencia, que el régimen social al que en el presente debemos prestar un apoyo extraordinario es el régimen cooperativo. Pero hay que apoyarlo en el verdadero sentido de la palabra, es decir, no basta con entender por tal apoyo la ayuda prestada a cualquier cambio cooperativo, sino que por tal apoyo hay que entender el prestado a un cambio cooperativo en el que *participen efectivamente verdaderas masas de la población*" (v. lugar citado, pág. 393).

¿Qué nos dicen todas estas circunstancias?

Nos dicen que los escépticos no tienen razón.

Nos dicen que quien tiene razón es el leninismo, que ve en las masas trabajadoras del campo la reserva del proletariado.

Nos dicen que el proletariado en el Poder puede y debe utilizar esta reserva, para vincular la industria a la agricultura, para impulsar la construcción socialista y dar a la dictadura del proletariado la base que necesita y sin la cual es imposible el paso a la economía socialista.

VI

LA CUESTION NACIONAL

Analizaré dos cuestiones fundamentales de este tema:

a) planteamiento de la cuestión,

b) el movimiento de liberación de los pueblos oprimidos y la revolución proletaria.

1) *Planteamiento de la cuestión.* Durante los dos últimos decenios, la cuestión nacional ha sufrido una serie de cam-

bios muy importantes. La cuestión nacional del período de la II Internacional y la cuestión nacional del período del leninismo distan mucho de ser lo mismo. No sólo se diferencian profundamente por su extensión, sino por su carácter interno.

Antes, la cuestión nacional no se salía, por lo común, de un estrecho círculo de problemas, relacionados principalmente con las nacionalidades "cultas". Irlandeses, húngaros, polacos, finlandeses, servios y algunas otras nacionalidades europeas: tal era el conjunto de pueblos sin plenitud de derechos por cuya suerte se interesaban los personajes de la II Internacional. Los pueblos asiáticos y africanos — decenas y centenares de millones de personas —, que sufren la opresión nacional en su forma más brutal y más cruel, quedaban generalmente fuera de su horizonte visual. No se decidían a poner en un mismo plano a los blancos y a los negros, a los pueblos "cultos" y a los "incultos". De dos o tres resoluciones vacuas y agridulces, en las que se eludía cuidadosamente el problema de la liberación de las colonias, era todo de lo que podían vanagloriarse los personajes de la II Internacional. Hoy, esa doblez y esas medias tintas en la cuestión nacional deben considerarse suprimidas. El leninismo ha puesto al desnudo esta incongruencia escandalosa, ha demolido la muralla entre los blancos y los negros, entre los europeos y los asiáticos, entre los esclavos "cultos" e "incultos" del imperialismo, y con ello ha vinculado la cuestión nacional al problema de las colonias. Con ello, la cuestión nacional ha dejado de ser una cuestión particular e interna de los Estados para convertirse en una cuestión general e internacional, en la cuestión mundial de liberar del yugo del imperialismo a los pueblos oprimidos de los países dependientes y de las colonias.

Antes, el principio de la autodeterminación de las naciones solía interpretarse desacertadamente, reduciéndolo, con frecuencia, al derecho de las naciones a la autonomía. Algunos líderes de la II Internacional llegaron incluso a convertir el derecho a la autodeterminación en el derecho a la autonomía cultural, es decir, en el derecho de las naciones oprimidas a tener sus propias instituciones culturales, dejando todo el Poder político en manos de la nación dominante. Esta circunstancia hacía que la idea de la autodeterminación corriese el riesgo de transformarse, de un arma para luchar contra las anexiones, en un instrumento para justificarlas. Hoy, esta confusión debe considerarse suprimida. El leninismo ha ampliado el concepto de la autodeterminación, interpretándolo como el derecho de los pueblos oprimidos de los países dependientes y de las colonias a la completa separación, como el derecho de las naciones a existir como Estados independientes. Con ello, se eliminó la posibilidad de justificar las anexiones mediante la interpretación del derecho a la autodeterminación como el derecho a la autonomía. El principio mismo de autodeterminación, que en manos de los socialchovinistas sirvió, indudablemente, durante la guerra imperialista, de instrumento para engañar a las masas, convirtióse, de este modo, en instrumento para desenmascarar todos y cada uno de los apetitos imperialistas y maquinaciones chovinistas, en instrumento de educación política de las masas en el espíritu del internacionalismo.

Antes, la cuestión de las naciones oprimidas solía considerarse como una cuestión puramente jurídica. Los partidos de la II Internacional se contentaban con la proclamación solemne de la "igualdad de derechos de las naciones" y con innumerables declaraciones sobre la "igualdad de las naciones", encubriendo el hecho de que, en el imperialismo, en el que un grupo de naciones (la minoría) vive a expensas de la explotación de otro grupo de naciones, la "igualdad de las naciones" es un escarnio para los pueblos oprimidos. Ahora, esta concepción jurídica burguesa de la cuestión nacional debe considerarse desenmascarada. El leninismo ha hecho descender la cuestión nacional, desde las cumbres de las declaraciones altisonantes, a la tierra, afirmando que las declaraciones sobre la "igualdad de las naciones", si no son respaldadas por el apoyo directo de los partidos proletarios a la lucha de liberación de los pueblos oprimidos, no son más que declaraciones hueras e hipócritas. Con ello, la cuestión de las naciones oprimidas se ha convertido en la cuestión de apoyar, de ayudar, y de ayudar de un modo real y constante, a las naciones oprimidas en su lucha contra el imperialismo, por la verdadera igualdad de las naciones, por su existencia como Estados independientes.

Antes, la cuestión nacional se enfocaba de un modo reformista, como una cuestión aislada, independiente, sin relación alguna con la cuestión general del Poder del capital, del derrocamiento del imperialismo, de la revolución proletaria. Dábase tácitamente por supuesto que la victoria del proletariado de Europa era posible sin una alianza directa con el movimiento de liberación de las colonias, que la cuestión nacional y colonial podía resolverse a la chita callando, "de por sí", al margen de la vía magna de la revolución proletaria, sin una lucha revolucionaria contra el imperialismo. Ahora, este punto de vista antirrevolucionario debe considerarse desenmascarado. El leninismo demostró, y la guerra imperialista y la revolución en Rusia lo han corroborado, que el problema nacional sólo puede resolverse en relación con la revolución proletaria y sobre la base de ella; que el camino del triunfo de la revolución en el Occidente pasa a través de la alianza revolucionaria con el movimiento de liberación de las colonias y de los países dependientes contra el imperialismo. La cuestión nacional es una parte de la cuestión general de la revolución proletaria, una parte de la cuestión de la dictadura del proletariado.

La cuestión se plantea así: *¿se han agotado ya* las posibilidades revolucionarias que ofrece el movimiento revolucionario de liberación de los países oprimidos o no se han agotado? Y si no se han agotado, ¿hay la esperanza de aprovechar estas posibilidades para la revolución proletaria, de convertir a los países dependientes y a las colonias, de reserva de la burguesía imperialista, en reserva del proletariado revolucionario, en aliado suyo?, ¿hay fundamento para ello?

El leninismo da a esta pregunta una respuesta afirmativa, es decir, reconoce que en el seno del movimiento de liberación nacional de los países oprimidos hay fuerzas revolucionarias y que es posible utilizar esas fuerzas para el derrocamiento del enemigo común, para el derrocamiento del imperialismo. La mecánica del desarrollo del imperialismo, la guerra imperialista y la revolución en Rusia confirman plenamente las conclusiones del leninismo a este respecto.

De aquí la necesidad de que el proletariado de las naciones "imperiales" apoye decidida y enérgicamente el movimiento de liberación nacional de los pueblos oprimidos y dependientes.

Esto no significa, por supuesto, que el proletariado deba apoyar *todo* movimiento nacional, siempre y en todas partes, en todos y en cada uno de los casos concretos. De lo que se trata es de apoyar los movimientos nacionales encaminados a debilitar el imperialismo, a derrocarlo, y no a reforzarlo y mantenerlo. Hay casos en que los movimientos nacionales de determinados países oprimidos chocan con los intereses del desarrollo del movimiento proletario. Cae de su peso que en esos casos ni siquiera puede hablarse de apoyo. La cuestión de los derechos de las naciones no es una cuestión aislada, independiente, sino una parte de la cuestión general de la revolución proletaria, una parte supeditada al todo y que debe ser enfocada desde el punto de vista del todo. En los años del 40 del siglo pasado, Marx defendía el movimiento nacional de los polacos y de los húngaros contra el movimiento nacional de los checos y de los sudeslavos. ¿Por qué? Porque los checos y los sudeslavos eran por aquel entonces "pueblos reaccionarios", "puestos avanzados de Rusia" en Europa, puestos avanzados del absolutismo, mientras que los polacos y los húngaros eran "pueblos revolucionarios", que luchaban contra el absolutismo. Porque apoyar el movimiento nacional de los checos y de los sudeslavos significaba entonces apoyar indirectamente al zarismo, el enemigo más peligroso del movimiento revolucionario de Europa.

"Las distintas reivindicaciones de la democracia — dice Lenin —, incluyendo la de la autodeterminación, no son algo absoluto, sino una *partícula* de todo el movimiento democrático (hoy, socialista) *mundial*. Puede suceder que, en un caso dado, una partícula se halle en contradicción con el todo; entonces, hay que desecharla" (v. t. XIX, págs. 257-258).

Así se plantea la cuestión de los distintos movimientos nacionales, y del carácter, posiblemente reaccionario, de estos movimientos, siempre y cuando, naturalmente, que no se los enfoque desde un punto de vista formal, desde el punto de vista de los derechos abstractos, sino en un plano concreto, desde el punto de vista de los intereses del movimiento revolucionario.

Otro tanto hay que decir del carácter revolucionario de los movimientos nacionales en general. El carácter indudablemente revolucionario de la inmensa mayoría de los movimientos nacionales es algo tan relativo y peculiar, como lo es el carácter posiblemente reaccionario de algunos movimientos nacionales concretos. El carácter revolucionario del movimiento nacional, en las condiciones de la opresión imperialista, no presupone forzosamente, ni mucho menos, la existencia de elementos proletarios en el movimiento, la existencia de un programa revolucionario o republicano del movimiento, la existencia en éste de una base democrática. La lucha del emir de Afganistán por la independencia de su país es una lucha objetivamente *revolucionaria*, a pesar de las ideas monárquicas del emir y de sus partidarios, porque esa lucha debilita al imperialismo, lo descompone, lo socava. En cambio, la lucha de demócratas y "socialistas", de "revolucionarios" y republicanos tan "radicales" como Kerenski y Tsereteli, Renaudel y Scheidemann, Chernov y Dan, Henderson y Clynes durante la guerra imperialista era una lucha *reaccionaria*, porque el resultado que se obtuvo con ello fue pintar de color de rosa, fortalecer y dar la victoria al imperialismo. La lucha de los comerciantes y de los intelectuales burgueses egipcios por la independencia de Egipto es, por las mismas causas, una lucha objetivamente *revolucionaria*, a pesar del origen burgués y de la condición burguesa de los líderes del movimiento nacional egipcio, a pesar de que estén en contra del socialismo. En cambio, la lucha del gobierno "obrero" inglés por mantener a Egipto en una situación de dependencia es, por las mismas causas, una lucha *reaccionaria*, a pesar del origen proletario y del título proletario de los miembros de ese gobierno, a pesar de que son "partidarios" del socialismo. Y no hablo ya del movimiento nacional de otras colonias y países dependientes más grandes, como la India y China, cada uno de cuyos pasos por la senda de la liberación, aun cuando no se ajuste a los requisitos de la democracia formal, es un terrible mazazo asestado al imperialismo, es decir, un paso indiscutiblemente *revolucionario*.

Lenin tiene razón cuando dice que el movimiento nacional de los países oprimidos no debe valorarse desde el punto de vista de la democracia formal, sino desde el punto de vista de los resultados prácticos dentro del balance general de la lucha contra el imperialismo, es decir, que debe enfocarse "no aisladamente, sino en escala mundial" (v. t. XIX, pág. 257).

2) *El movimiento de liberación de los pueblos oprimidos y la revolución proletaria*. Al resolver la cuestión nacional, el leninismo parte de los principios siguientes:

a) el mundo está dividido en dos campos: el que integran un puñado de naciones civilizadas, que poseen el capital financiero y explotan a la inmensa mayoría de la población del planeta, y el campo de los pueblos oprimidos y explotados de las colonias y de los países dependientes, que forman esta mayoría;

b) las colonias y los países dependientes, oprimidos y explotados por el capital financiero, constituyen una formidable reserva y el más importante manantial de fuerzas para el imperialismo;

c) la lucha revolucionaria de los pueblos oprimidos de las colonias y de los países dependientes contra el imperialismo es el único camino por el que dichos pueblos pueden emanciparse de la opresión y de la explotación;

d) las colonias y los países dependientes más importantes han iniciado ya el movimiento de liberación nacional, que tiene que conducir por fuerza a la crisis del capitalismo mundial;

e) los intereses del movimiento proletario en los países desarrollados y del movimiento de liberación nacional en las colonias exigen la unión de estas dos formas del movimiento revolucionario en un frente común contra el enemigo común, contra el imperialismo;

f) la clase obrera en los países desarrollados no puede triunfar, ni los pueblos oprimidos liberarse del yugo del imperialismo, sin la formación y consolidación de un frente revolucionario común;

g) este frente revolucionario común no puede formarse si el proletariado de las naciones opresoras no presta un apoyo directo y resuelto al movimiento de liberación de los pueblos oprimidos contra el imperialismo "de su propia patria", pues "el pueblo que oprime a otros pueblos no puede ser libre" (*Engels*);

h) este apoyo significa: sostener, defender y llevar a la práctica la consigna del derecho de las naciones a la separación y a la existencia como Estados independientes;

i) sin poner en práctica esta consigna es imposible lograr la unificación y la colaboración de las naciones en una sola economía mundial, que constituye la base material para el triunfo del socialismo en el mundo entero;

j) esta unificación sólo puede ser una unificación voluntaria, erigida sobre la base de la confianza mutua y de relaciones fraternales entre los pueblos.

De aquí se derivan dos aspectos, dos tendencias en la cuestión nacional: la tendencia a liberarse políticamente de las cadenas del imperialismo y a formar Estados nacionales independientes, que ha surgido sobre la base de la opresión imperialista y de la explotación colonial, y la tendencia al acercamiento económico de las naciones, que ha surgido a consecuencia de la formación de un mercado y una economía mundiales.

"El capitalismo en desarrollo — dice Lenin — conoce dos tendencias históricas en la cuestión nacional. Primera: el despertar de la vida nacional y de los movimientos nacionales, la lucha contra toda opresión nacional, la creación de Estados nacionales. Segunda: el desarrollo y la multiplicación de vínculos de todo género entre las naciones, la destrucción de las barreras nacionales, la creación de la unidad internacional del capital, de la vida económica en general, de la política, de la ciencia, etc.

Ambas tendencias son una ley mundial del capitalismo. La primera predomina en los comienzos de su desarrollo; la segunda caracteriza al capitalismo maduro, que marcha hacia su transformación en sociedad socialista" (v. t. XVII, págs. 139-140).

Para el imperialismo, estas dos tendencias son contradicciones inconciliables, porque el imperialismo no puede vivir sin explotar a las colonias y sin mantenerlas por la fuerza en el marco de "un todo único"; porque el imperialismo no puede aproximar a las naciones más que mediante anexiones y conquistas coloniales, sin las que, hablando en términos generales, es inconcebible.

Para el comunismo, por el contrario, estas tendencias no son más que dos aspectos de un mismo problema, del problema de liberar del yugo del imperialismo a los pueblos oprimidos, porque el comunismo sabe que la unificación de los pueblos en una sola economía mundial sólo es posible sobre la base de la confianza mutua y del libre consentimiento y que para llegar a la unión voluntaria de los pueblos hay que pasar por la separación de las colonias del "todo único" imperialista y por su transformación en Estados independientes.

De aquí la necesidad de una lucha tenaz, incesante, resuelta, contra el chovinismo imperialista de los "socialistas" de las naciones dominantes (Inglaterra, Francia, Estados Unidos de América, Italia, Japón, etc.), que no quieren combatir a sus gobiernos imperialistas ni apoyar la lucha de los pueblos oprimidos de "sus" colonias por liberarse de la opresión, separarse y formar Estados independientes.

Sin esta lucha es inconcebible la educación de la clase obrera de las naciones dominantes en un espíritu de verdadero internacionalismo, en un espíritu de acercamiento a las masas trabajadoras de los países dependientes y de las colonias, en un espíritu de verdadera preparación de la revolución proletaria. La revolución no habría vencido en Rusia, y Kolchak y Denikin no hubieran sido derrotados, si el proletariado ruso no hubiese tenido de su parte la simpatía y el apoyo de los pueblos oprimidos del antiguo Imperio Ruso. Ahora bien, para ganarse la simpatía y el apoyo de estos pueblos, el proletariado ruso tuvo, ante todo, que romper las cadenas del imperialismo ruso y librarlos de la opresión nacional.

De otra manera, hubiera sido imposible consolidar el Poder Soviético, implantar el verdadero internacionalismo y crear esa magnífica organización de colaboración de los pueblos que lleva el nombre de Unión de Repúblicas Socialistas

Soviéticas y que es el prototipo viviente de la futura unificación de los pueblos en una sola economía mundial.

De aquí la necesidad de luchar contra el aislamiento nacional, contra la estrechez nacional, contra el particularismo de los socialistas de los países oprimidos, que no quieren subir más arriba de su campanario nacional y no comprenden la relación existente entre el movimiento de liberación de su país y el movimiento proletario de los países dominantes.

Sin esa lucha es inconcebible defender la política independiente del proletariado de las naciones oprimidas y su solidaridad de clase con el proletariado de los países dominantes en la lucha por derrocar al enemigo común, en la lucha por derrocar al imperialismo.

Sin esa lucha, el internacionalismo sería imposible.

Tal es el camino para educar a las masas trabajadoras de las naciones dominantes y de las oprimidas en el espíritu del internacionalismo revolucionario.

He aquí lo que dice Lenin de esta doble labor del comunismo para educar a los obreros en el espíritu del internacionalismo:

"Esta educación . . . ¿puede ser *concretamente igual* en las grandes naciones, en las naciones opresoras, que en las pequeñas naciones oprimidas, en las naciones anexionistas que en las naciones anexionadas?

Evidentemente, no. El camino hacia el objetivo común — la completa igualdad de derechos, el más estrecho acercamiento y la ulterior *fusión de todas* las naciones — sigue aquí, evidentemente, distintas rutas concretas, lo mismo que, por ejemplo, el camino conducente a un punto situado en el centro de esta página parte hacia la izquierda de una de sus márgenes y hacia la derecha de la margen opuesta.

Si el socialdemócrata de una gran nación opresora, anexionista, profesando, en general, la teoría de la fusión de las naciones, se olvida, aunque sólo sea por un instante, de que 'su' Nicolás II, 'su' Guillermo, 'su' Jorge, 'su' Poincaré, etc., etc. abogan *también por la fusión* con las naciones pequeñas (por medio de anexiones) — Nicolás II aboga por la 'fusión' con Galitzia, Guillermo II por la 'fusión' con Bélgica, etc. —, ese socialdemócrata resultará ser, en teoría, un doctrinario ridículo y, en la práctica, un cómplice del imperialismo.

El centro de gravedad de la educación internacionalista de los obreros de los países opresores tiene que estar necesariamente en la prédica y en la defensa de la libertad de separación de los países oprimidos. De otra manera, *no hay* internacionalismo. Tenemos el derecho y el deber de tratar de imperialista y de canalla a todo socialdemócrata de una nación opresora que *no* realice tal propaganda. Esta es una exigencia incondicional, aunque, *prácticamente*, la separación no sea posible ni 'realizable' antes del socialismo más que en el uno por mil de los casos. . .

Y, a la inversa, el socialdemócrata de una nación pequeña debe tomar como centro de gravedad de sus campañas de agitación la *primera* palabra de nuestra fórmula general: '*unión* voluntaria' de las naciones. Sin faltar a sus deberes de internacionalista, puede pronunciarse *tanto* a favor de la independencia política de su nación *como* a favor de su incorporación al Estado vecino X, Y, Z, etc. Pero deberá luchar en todos los casos *contra* la mezquina estrechez nacional, contra el aislamiento nacional, contra el particularismo, por que se tenga en cuenta lo total y lo general, por la supeditación de los intereses de lo particular a los intereses de lo general.

A gentes que no han penetrado en el problema, les parece 'contradictorio' que los socialdemócratas de las naciones opresoras exijan la 'libertad de *separación*' y los socialdemócratas de las naciones oprimidas la 'libertad de *unión*'. Pero, a poco que se reflexione, se ve que, partiendo de la situación *dada*, no hay ni puede haber *otro* camino hacia el internacionalismo y la fusión de las naciones, no hay ni puede haber otro camino que conduzca a este fin" (v. t. XIX, págs. 261-262).

VII

ESTRATEGIA Y TACTICA

Analizaré seis cuestiones de este tema:

a) la estrategia y la táctica como la ciencia de dirigir la lucha de clase del proletariado;

b) las etapas de la revolución y la estrategia;

c) los flujos y reflujos del movimiento y la táctica;

d) la dirección estratégica;

e) la dirección táctica;

f) la táctica reformista y la táctica revolucionaria.

1) *La estrategia y la táctica como la ciencia de dirigir la lucha de clase del proletariado.* El período en que dominó la II Internacional fue, principalmente, un período de formación y de instrucción de los ejércitos políticos proletarios en unas condiciones de desarrollo más o menos pacífico. Fue el período del parlamentarismo como forma preponderante de la lucha de clases. Las cuestiones de los grandes choques de clases, de la preparación del proletariado para las batallas revolucionarias, de las vías para llegar a la conquista

de la dictadura del proletariado, no estaban entonces — así lo parecía — a la orden del día. La tarea reducíase a utilizar todas las vías de desarrollo legal para formar e instruir a los ejércitos proletarios, a utilizar el parlamentarismo adaptándose a las condiciones dadas, en las cuales el proletariado asumía y debía asumir — así lo parecía — el papel de oposición. No creo que sea necesario demostrar que, en ese período y con semejante concepción de las tareas del proletariado, no podía haber ni una estrategia coherente ni una táctica bien elaborada. Había pensamientos fragmentarios, ideas aisladas sobre táctica y estrategia, pero no había ni táctica ni estrategia.

El pecado mortal de la II Internacional no consiste en haber practicado en su tiempo la táctica de utilizar las formas parlamentarias de lucha, sino en haber sobreestimado la importancia de estas formas, considerándolas casi las únicas; y cuando llegó el período de las batallas revolucionarias abiertas y el problema de las formas extraparlamentarias de lucha pasó a primer plano, los partidos de la II Internacional volvieron la espalda a las nuevas tareas, renunciaron a ellas.

Una estrategia coherente y una táctica bien elaborada de la lucha del proletariado sólo pudieron trazarse en el período siguiente, en el período de las acciones abiertas del proletariado, en el período de la revolución proletaria, cuando la cuestión del derrocamiento de la burguesía pasó a ser una cuestión de la actividad práctica inmediata, cuando la cuestión de las reservas del proletariado (estrategia) pasó a ser una de las cuestiones más palpitantes, cuando todas las formas de lucha y de organización — tanto parlamentarias como extraparlamentarias (táctica) — se revelaron con toda nitidez. Fue precisamente en este período cuando Lenin sacó a la luz las geniales ideas de Marx y Engels sobre táctica y estrategia, emparedadas por los oportunistas de la II Internacional. Pero Lenin no se limitó a restaurar las distintas tesis tácticas de Marx y Engels. Las desarrolló y las completó con nuevas ideas y principios, compendiándolas en un sistema de reglas y principios de orientación para dirigir la lucha de clase del proletariado. Obras de Lenin como "¿Qué hacer?", "Dos tácticas", "El imperialismo", "El Estado y la revolución", "La revolución proletaria y el renegado Kautsky" y "La enfermedad infantil" serán, indiscutiblemente, una valiosísima aportación al tesoro general del marxismo, a su arsenal revolucionario. La estrategia y la táctica del leninismo son la ciencia de la dirección de la lucha revolucionaria del proletariado.

2) *Las etapas de la revolución y la estrategia.* La estrategia consiste en determinar la dirección del golpe principal del proletariado, tomando por base la etapa dada de la revolución, en elaborar el correspondiente plan de disposición de las fuerzas revolucionarias (de las reservas principales y secundarias), en luchar por llevar a cabo este plan a todo lo largo de la etapa dada de la revolución.

Nuestra revolución ha pasado ya por dos etapas y ha entrado, después de la Revolución de Octubre, en la tercera. De acuerdo con esto, ha ido cambiando de estrategia.

Primera etapa. 1903 — febrero de 1917. Objetivo: derrocar el zarismo, suprimir por completo las supervivencias medievales. Fuerza fundamental de la revolución: el proletariado. Reserva inmediata: el campesinado. Dirección del golpe principal: aislar a la burguesía liberal monárquica, que se esforzaba en atraerse a los campesinos y en poner fin a la revolución mediante una *componenda* con el zarismo. Plan de disposición de las fuerzas: alianza de la clase obrera con los campesinos. "El proletariado debe llevar a término la revolución democrática, atrayéndose a la masa de los campesinos, para aplastar por la fuerza la resistencia de la autocracia y paralizar la inestabilidad de la burguesía" (v. *Lenin*, t. VIII, pág. 96).

Segunda etapa. Marzo de 1917 — octubre de 1917. Objetivo: derrocar el imperialismo en Rusia y salir de la guerra imperialista. Fuerza fundamental de la revolución: el proletariado. Reserva inmediata: los campesinos pobres. Como reserva probable, el proletariado de los países vecinos. Como factor favorable, la guerra, que se prolongaba, y la crisis del imperialismo. Dirección del golpe principal: aislar a la democracia pequeñoburguesa (mencheviques y eseristas), que se esforzaba en atraerse a las masas trabajadoras del campo y en poner fin a la revolución mediante una *componenda* con el imperialismo. Plan de disposición de las fuerzas: alianza del proletariado con los campesinos pobres. "El proletariado debe llevar a cabo la revolución socialista, atrayéndose a la masa de los elementos semiproletarios de la población, para romper por la fuerza la resistencia de la burguesía y paralizar la inestabilidad de los campesinos y de la pequeña burguesía" (v. lugar citado).

Tercera etapa. Comienza después de la Revolución de Octubre. Objetivo: consolidar la dictadura del proletariado en un solo país, utilizándola como punto de apoyo para vencer al imperialismo en todos los países. La revolución rebasa el marco de un solo país; comienza la época de la revolución mundial. Fuerzas fundamentales de la revolución: la dictadura del proletariado en un país y el movimiento revolucionario del proletariado en todos los países. Reservas principales: las masas semiproletarias y las masas de pequeños campesinos en los países desarrollados, así como el movimiento de liberación en las colonias y en los países dependientes. Dirección del golpe principal: aislar a la democracia pequeñoburguesa, aislar a los partidos de la II Internacional, que son el puntal más importante de la política de *componendas* con el imperialismo. Plan de disposición de las fuerzas: alianza de la revolución proletaria con el movimiento de liberación de las colonias y de los países dependientes.

La estrategia se ocupa de las fuerzas fundamentales de la revolución y de sus reservas. Cambia al pasar la revolución de una etapa a otra, permaneciendo, en lo fundamental, invariable a lo largo de cada etapa en cuestión.

3) *Los flujos y reflujos del movimiento y la táctica.* La táctica consiste en determinar la línea de conducta del proletariado durante un período relativamente corto de flujo o de reflujo del movimiento, de ascenso o de descenso de la revolución; la táctica es la lucha por la aplicación de esta línea de conducta mediante la sustitución de las viejas formas de lucha y de organización por formas nuevas, de las viejas consignas por consignas nuevas, mediante la combinación de estas formas, etc., etc. Mientras el fin de la estrategia es ganar la guerra, supongamos, contra el zarismo o contra la burguesía, llevar a término la lucha contra el zarismo o contra la burguesía, la táctica persigue objetivos menos esenciales, pues no se propone ganar la guerra tomada en su conjunto, sino tal o cual batalla, tal o cual combate, llevar a cabo con éxito esta o aquella campaña, esta o aquella acción, en correspondencia con la situación concreta del período dado de ascenso o descenso de la revolución. La táctica es una parte de la estrategia, a la que está supeditada, a la que sirve.

La táctica cambia con arreglo a los flujos y reflujos. Mientras que durante la primera etapa de la revolución (1903 — febrero de 1917) el plan estratégico permaneció invariable, la táctica se modificó varias veces. En 1903-1905, la táctica del Partido fue una táctica ofensiva, pues se trataba de un período de flujo de la revolución; el movimiento iba en ascenso, y la táctica debía partir de este hecho. En consonancia con ello, las formas de lucha eran también revolucionarias y correspondían a las exigencias del flujo de la revolución. Huelgas políticas locales, manifestaciones políticas, huelga política general, boicot de la Duma, insurrección, consignas revolucionarias combativas: tales fueron las formas de lucha que se sucedieron durante este período. En relación con las formas de lucha, cambiaron también, en este período, las formas de organización. Comités de fábrica, comités revolucionarios de campesinos, comités de huelga, Soviets de Diputados Obreros, el Partido obrero más o menos legal: tales fueron las formas de organización durante este período.

En el período de 1907-1912, el Partido viose obligado a pasar a la táctica de repliegue, pues asistíamos a un descenso del movimiento revolucionario, a un reflujo de la revolución, y la táctica no podía por menos de tener en cuenta este hecho. En consonancia con ello, cambiaron tanto las formas de lucha como las de organización. En vez del boicot de la Duma, participación en ella; en vez de acciones revolucionarias abiertas fuera de la Duma, acciones dentro de la Duma y labor en ella; en vez de huelgas generales políticas, huelgas económicas parciales, o simplemente calma. Se comprende que el Partido hubo de pasar en este período a la clandestinidad; las organizaciones revolucionarias de masas fueron sustituidas por organizaciones culturales y educativas, por cooperativas, mutualidades y otras organizaciones de tipo legal.

Otro tanto puede decirse de la segunda y la tercera etapas de la revolución, en el transcurso de las cuales la táctica cambió decenas de veces, mientras los planes estratégicos permanecían invariables.

La táctica se ocupa de las formas de lucha y de organización del proletariado, de los cambios y de la combinación de dichas formas. Partiendo de una etapa dada de la revolución, la táctica puede cambiar repetidas veces, con arreglo a los flujos y reflujos, al ascenso o al descenso de la revolución.

4) *La dirección estratégica.* Las reservas de la revolución pueden ser:

Directas: a) el campesinado y, en general, las capas intermedias del país; b) el proletariado de los países vecinos; c) el movimiento revolucionario de las colonias y de los países dependientes; d) las conquistas y las realizaciones de la dictadura del proletariado, a una parte de las cuales puede el proletariado renunciar temporalmente, reservándose la superioridad de fuerzas, con objeto de sobornar a un adversario fuerte y conseguir una tregua.

Indirectas: a) las contradicciones y conflictos entre las clases no proletarias del propio país, contradicciones y conflictos que el proletariado puede aprovechar para debilitar al adversario y para reforzar las propias reservas; b) las contradicciones, conflictos y guerras (por ejemplo, la guerra imperialista) entre los Estados burgueses hostiles al Estado proletario, contradicciones, conflictos y guerras que el proletariado puede aprovechar en su ofensiva o al maniobrar, caso de verse obligado a batirse en retirada.

No vale la pena detenerse en las reservas de la primera categoría, ya que su significación es clara para todo el mundo. En cuanto a las reservas de la segunda categoría, cuya significación no es siempre clara, hay que decir que tienen a veces una importancia primordial para la marcha de la revolución. Difícilmente podrá negarse, por ejemplo, la inmensa importancia del conflicto entre la democracia pequeñoburguesa (eseristas) y la burguesía liberal monárquica (demócratas constitucionalistas) durante la primera revolución y después de ella, conflicto que contribuyó, indudablemente, a liberar al campesinado de la influencia de la burguesía. Y aun hay menos razones para negar la importancia gigantesca que tuvo la guerra a muerte librada entre los principales grupos imperialistas en el período de la Revolución de Octubre, cuando los imperialistas, ocupados en guerrear unos contra otros, no pudieron concentrar sus fuerzas contra el joven Poder Soviético, siendo precisamente esta circunstancia la que permitió al proletariado entregarse de lleno a organizar sus fuerzas, a consolidar su Poder y a preparar el aplastamiento de Kolchak y Denikin. Es de suponer que hoy, cuando las contradicciones entre los grupos imperialistas se acentúan cada vez más y se hace inevitable una nueva guerra entre ellos, esta clase de reservas tendrá para el proletariado una importancia cada vez mayor.

La misión de la dirección estratégica consiste en saber utilizar acertadamente todas estas reservas, para conseguir el objetivo fundamental de la revolución en cada etapa dada de su desarrollo.

¿En qué consiste el saber utilizar acertadamente las reservas?

En cumplir algunas condiciones necesarias, entre las que deben considerarse principales las siguientes:

Primera. Concentrar contra el punto más vulnerable del adversario las principales fuerzas de la revolución en el momento decisivo, cuando la revolución ha madurado ya, cuando la ofensiva marcha a todo vapor, cuando la insurrección llama a la puerta y cuando el acercar las reservas a la vanguardia es una condición decisiva del éxito. Como ejemplo demostrativo de lo que es saber utilizar de este modo las reservas puede considerarse la estrategia del Partido en el período de abril a octubre de 1917. Es indudable que el punto más vulnerable del adversario durante este período era la guerra. Es indudable que, tomando precisamente este problema como el problema básico, fue como el Partido agrupó en torno a la vanguardia proletaria a las más amplias masas de la población. La estrategia del Partido en dicho período consistía en entrenar a la vanguardia en acciones de calle, por medio de manifestaciones y demostraciones de fuerza, y, al mismo tiempo, en acercar las reservas a la vanguardia, a través de los Soviets en la retaguardia y de los comités de soldados en el frente. El resultado de la revolución demostró que se había sabido utilizar acertadamente las reservas.

He aquí lo que a propósito de esta condición del empleo estratégico de las fuerzas revolucionarias dice Lenin, parafraseando las conocidas tesis de Marx y Engels sobre la insurrección:

"1) *No jugar* nunca a la insurrección, y, una vez empezada ésta, saber firmemente que hay que *llevarla a término.*

2) Hay que concentrar en el lugar y en el momento decisivos *fuerzas muy superiores*, porque, de lo contrario, el enemigo, mejor preparado y organizado, aniquilará a los insurrectos.

3) Una vez empezada la insurrección, hay que proceder con la mayor *decisión* y pasar obligatoria e incondicionalmente *a la ofensiva*. 'La defensiva es la muerte de la insurrección armada'.

4) Hay que esforzarse en pillar al enemigo desprevenido, hay que aprovechar el momento en que sus tropas se hallen dispersas.

5) Hay que esforzarse en obtener éxitos *diarios*, aunque sean pequeños (incluso podría decirse que a cada hora, si se trata de una sola ciudad), manteniendo a toda costa la 'superioridad moral' " (v. t. XXI, págs. 319-320).

Segunda. Descargar el golpe decisivo, comenzar la insurrección, cuando la crisis ha llegado ya a su punto culminante, cuando la vanguardia está dispuesta a luchar hasta el fin, cuando la reserva está dispuesta a apoyar a la vanguardia y el desconcierto en las filas del enemigo ha alcanzado ya su grado máximo.

Se puede considerar completamente maduro el momento de la batalla decisiva — dice Lenin — *si* "(1) todas las fuerzas de clase que nos son adversas están suficientemente sumidas en la confusión, suficientemente enfrentadas entre sí, suficientemente debilitadas por una lucha superior a sus fuerzas"; *si* "(2) todos los elementos vacilantes, volubles, inconsistentes, intermedios, es decir, la pequeña burguesía, la democracia pequeñoburguesa, que se diferencia de la burguesía, se han desenmascarado suficientemente ante el pueblo, se han cubierto suficientemente de oprobio por su bancarrota práctica"; *si* "(3) en las masas proletarias empieza a aparecer y a extenderse con poderoso impulso el afán de apoyar las acciones revolucionarias más resueltas, más valientes y abnegadas contra la burguesía. En ese momento es cuando está madura la revolución, en ese momento nuestra victoria está asegurada, si hemos sabido tener en cuenta . . . todas las condiciones indicadas más arriba y hemos elegido acertadamente el momento" (v. t. XXV, pág. 229).

La insurrección de Octubre puede considerarse un modelo de esa estrategia.

El incumplimiento de esta condición conduce a un error peligroso, a lo que se llama "perder el ritmo", que es lo que ocurre cuando el Partido queda a la zaga de la marcha del movimiento o se adelanta demasiado, exponiéndose al peligro de fracasar. Como ejemplo de lo que es "perder el ritmo", como ejemplo de desacierto al elegir el momento de la insurrección hay que considerar el intento de una parte de los camaradas de comenzar la insurrección deteniendo a los miembros de la Conferencia Democrática, en septiembre de 1917, cuando en los Soviets se notaban aún vacilaciones, el frente estaba aún en la encrucijada y las reservas no habían sido aún aproximadas a la vanguardia.

Tercera. Seguir firmemente el rumbo tomado, por encima de todas y cada una de las dificultades y complicaciones que se interpongan en el camino hacia el fin perseguido. Esto es necesario para que la vanguardia no pierda de vista el objetivo fundamental de la lucha y para que las masas, que marchan hacia ese objetivo y se esfuerzan por agruparse en torno a la vanguardia, no se desvíen del camino. El incumplimiento de esta condición conduce a un enorme error, bien conocido por los marinos, que lo llaman "perder el rumbo". Como ejemplo de lo que es "perder el rumbo" hay que considerar la conducta equivocada de nuestro Partido inmediatamente después de la Conferencia Democrática, al acordar tomar parte en el anteparlamento. Era como si el Partido se hubiese olvidado, en aquel momento, de que el anteparlamento era una tentativa de la burguesía para desviar al país del camino de los Soviets al camino del parlamentarismo burgués y de que la participación del Partido en una institución de esta índole podía confundir todas las cartas y desviar de su camino a los obreros y campesinos, que libraban una lucha revolucionaria bajo la consigna de "¡Todo el Poder a los Soviets!". Este error fue corregido con la retirada de los bolcheviques del anteparlamento.

Cuarta. Saber maniobrar con las reservas con vistas a un repliegue ordenado cuando el enemigo es fuerte, cuando la retirada es inevitable, cuando se sabe de antemano que no conviene aceptar el combate que pretende imponernos el enemigo, cuando, con la correlación de fuerzas existente, la retirada es para la vanguardia el único medio de esquivar el golpe y de conservar a su lado las reservas.

"Los partidos revolucionarios — dice Lenin — deben completar su instrucción. Han aprendido a desplegar la ofensiva. Ahora deben comprender que esta ciencia hay que completarla con la de saber retirarse acertadamente. Hay que comprender — y la clase revolucionaria aprende a comprenderlo por su propia y amarga experiencia — que no se puede triunfar sin aprender a desplegar la ofensiva y a retirarse con acierto" (v. t. XXV, pág. 177).

El fin de esta estrategia consiste en ganar tiempo, desmoralizar al adversario y acumular fuerzas, para luego pasar a la ofensiva.

Puede considerarse modelo de esta estrategia la firma de la paz de Brest-Litovsk, que permitió al Partido ganar tiempo, aprovechar los choques en el campo del imperialismo, desmoralizar a las fuerzas del enemigo, conservar a su lado a los campesinos y acumular fuerzas para preparar la ofensiva contra Kolchak y contra Denikin.

"Concertando la paz por separado — dijo entonces Lenin —, nos libramos, en el mayor grado *posible en el momento actual*, de ambos grupos imperialistas contendientes, aprovechándonos de su hostilidad y de su guerra — que les dificulta el cerrar un trato contra nosotros —; así conseguimos tener las manos libres durante cierto tiempo para proseguir y consolidar la revolución socialista" (v. t. XXII, pág. 198).

"Ahora, hasta el más necio" ve — decía Lenin tres años después de firmarse la paz de Brest-Litovsk — "que 'la paz de Brest-Litovsk' fue una concesión que nos fortaleció a nosotros y dividió las fuerzas del imperialismo internacional" (v. t. XXVII, pág. 7).

Tales son las principales condiciones que aseguran una dirección estratégica acertada.

5) *La dirección táctica.* La dirección táctica es una parte de la dirección estratégica, a cuyos objetivos y exigencias se supedita. La misión de la dirección táctica consiste en dominar todas las formas de lucha y de organización del proletariado y en asegurar su empleo acertado para lograr, teniendo en cuenta la correlación de fuerzas existente, el máximo resultado, necesario para la preparación del éxito estratégico.

¿En qué consiste la utilización acertada de las formas de lucha y de organización del proletariado?

En cumplir algunas condiciones necesarias, entre las cuales hay que considerar como principales las siguientes:

Primera. Poner en primer plano precisamente las formas de lucha y de organización que mejor correspondan a las condiciones de flujo y de reflujo del movimiento en el momento dado y que faciliten y permitan conducir a las masas a posiciones revolucionarias, incorporar a millones de hombres al frente de la revolución y distribuirlos en dicho frente.

Lo que importa no es que la vanguardia se percate de la imposibilidad de mantener el antiguo orden de cosas y de la inevitabilidad de su derrocamiento. Lo que importa es que las masas, millones de hombres, comprendan esa inevitabilidad y se muestren dispuestas a apoyar a la vanguardia. Pero las masas sólo pueden comprenderlo por experiencia propia. Dar a las masas, a millones de hombres, la posibilidad de comprender por experiencia propia que el derrocamiento del viejo Poder es inevitable, poner en juego métodos de lucha y formas de organización que permitan a las masas comprender más fácilmente, por la experiencia, lo acertado de las consignas revolucionarias: ésa es la tarea.

La vanguardia habría quedado desligada de la clase obrera, y la clase obrera hubiera perdido el contacto con las masas, si el Partido no hubiese resuelto oportunamente participar en la Duma, si no hubiese resuelto concentrar sus fuerzas en el trabajo en la Duma y desenvolver la lucha a base de esta labor, para facilitar que las masas se convenciesen por experiencia propia de la inutilidad de aquella Duma, de la falsedad de las promesas de los demócratas constitucionalistas, de la imposibilidad de un acuerdo con el zarismo, de la necesidad inevitable de una alianza entre los campesinos y la clase obrera. Sin la experiencia de las masas durante el período de la Duma, habría sido imposible desenmascarar a los demócratas constitucionalistas y asegurar la hegemonía del proletariado.

El peligro de la táctica del otsovismo consistía en que amenazaba con desligar a la vanguardia de sus reservas de millones y millones de hombres.

El Partido se habría desligado de la clase obrera y la clase obrera hubiera perdido su influencia en las amplias masas de campesinos y soldados, si el proletariado hubiese seguido a los comunistas de "izquierda", que incitaban a la insurrección en abril de 1917, cuando los mencheviques y los eseristas no se habían desenmascarado aún como partidarios de la guerra y del imperialismo, cuando las masas no habían podido aún convencerse por experiencia propia de la falsedad de los discursos de los mencheviques y de los eseristas sobre la paz, la tierra y la libertad. Sin la experiencia adquirida por las masas durante el período de la kerenskiada, los mencheviques y los eseristas no se habrían visto aislados, y la dictadura del proletariado hubiera sido imposible. Por eso, la táctica de "explicar pacientemente" los errores de los partidos pequeñoburgueses y de luchar abiertamente dentro de los Soviets era entonces la única táctica acertada.

El peligro de la táctica de los comunistas de "izquierda" consistía en que amenazaba con transformar al Partido, de jefe de la revolución proletaria, en un puñado de conspiradores vacuos y sin base.

"Con la vanguardia sola — dice Lenin — es imposible triunfar. Lanzar sola a la vanguardia a la batalla decisiva, cuando toda la clase, cuando las grandes masas no han adoptado aún una posición de apoyo directo a esta vanguardia o, al menos, de neutralidad benévola con respecto a ella . . . sería no sólo una estupidez, sino, además, un crimen. Y para que realmente toda la clase, para que realmente las grandes masas de los trabajadores y de los oprimidos por el capital lleguen a ocupar esa posición, la propaganda y la agitación, solas, son insuficientes. Para ello se precisa la propia experiencia política de las masas. Tal es la ley fundamental de todas las grandes revoluciones, confirmada hoy, con fuerza y realce sorprendentes, no sólo por Rusia, sino también por Alemania. No sólo las masas incultas, y en muchos casos analfabetas, de Rusia, sino también las masas de Alemania, muy cultas, sin un solo analfabeto, necesitaron experimentar en su propia carne toda la impotencia, toda la veleidad, toda la flaqueza, todo el servilismo ante la burguesía, toda la infamia del gobierno de los caballeros de la II Internacional, toda la ineluctabilidad de la dictadura de los ultrarreaccionarios (Kornílov en Rusia, Kapp[17] y Cía. en Alemania), única alternativa frente a la dictadura del proletariado, para orientarse decididamente hacia el comunismo" (v. t. XXV, pág. 228).

Segunda. Encontrar en cada momento dado, en la cadena de procesos, el eslabón particular que permita, aferrándose a él, sujetar toda la cadena y preparar las condiciones para obtener el éxito estratégico.

Se trata de destacar, entre las tareas que se le plantean al Partido, precisamente la tarea inmediata cuya solución constituye el punto central y cuyo cumplimiento garantiza la feliz solución de las demás tareas inmediatas.

Podría demostrarse la importancia de esta tesis con dos ejemplos, uno tomado del pasado lejano (del período de la formación del Partido) y otro, de un pasado reciente (del período de la Nep).

En el período de la formación del Partido, cuando los innumerables círculos y organizaciones no estaban aún ligados entre sí, cuando los métodos artesanos de trabajo y el espíritu de círculo corroían al Partido de arriba abajo, cuando la dispersión ideológica era el rasgo característico de la vida interna del Partido, en este período, el eslabón fundamental de la cadena, la tarea fundamental entre todas las que tenía planteadas el Partido, era la fundación de un periódico clandestino para toda Rusia (de la "Iskra"). ¿Por qué? Porque sólo por medio de un periódico clandestino para toda Rusia podía crearse dentro del Partido, en las condiciones de aquel entonces, un núcleo sólido, capaz de unir en un todo único los innumerables círculos y organizaciones, preparar las condiciones para la unidad ideológica y táctica y sentar, de este modo, los cimientos para la formación de un verdadero partido.

En el período de transición de la guerra a la edificación económica, cuando la industria vegetaba entre las garras de la ruina y la agricultura sufría escasez de artículos de la ciudad, cuando la ligazón entre la industria del Estado y la economía campesina se convirtió en la condición fundamental del éxito de la edificación socialista, en este período, el eslabón fundamental en la cadena de los procesos, la tarea fundamental entre todas era el desarrollo del comercio. ¿Por qué? Porque, en las condiciones de la Nep, la ligazón entre la industria y la economía campesina sólo es posible a través del comercio; porque, en las condiciones de la Nep, una producción sin venta es la muerte para la industria; porque la industria sólo puede ampliarse aumentando la venta mediante el desarrollo del comercio; porque sólo después de consolidarse en la esfera del comercio, sólo dominando el comercio, sólo dominando este eslabón, puede ligarse la industria con el mercado campesino y resolver con éxito otras tareas inmediatas, a fin de crear las condiciones para echar los cimientos de la economía socialista.

"No basta con ser revolucionario y partidario del socialismo, o comunista en general . . . — dice Lenin —. Es necesario saber encontrar en cada momento el eslabón particular al cual hay que aferrarse con todas las fuerzas para sujetar toda la cadena y preparar sólidamente el paso al eslabón siguiente". . .

"En el momento actual . . . ese eslabón es la reanimación del *comercio* interior, regulado (orientado) con acierto por el Estado. El comercio, he ahí el 'eslabón' de la cadena histórica de acontecimientos, de las formas de transición de nuestra edificación socialista en 1921-1922, *'al cual hay que aferrarse con todas las fuerzas'* . . ." (v. t. XXVII, pág. 82).

Tales son las principales condiciones que garantizan el acierto en la dirección táctica.

6) *La táctica reformista y la táctica revolucionaria.* ¿En qué se distingue la táctica revolucionaria de la táctica reformista?

Algunos creen que el leninismo está, en general, en contra de las reformas, de los compromisos y de los acuerdos. Eso es completamente falso. Los bolcheviques saben tan bien como cualquiera que, en cierto sentido, "del lobo, un pelo"; es decir, que en ciertas condiciones las reformas, en general, y los compromisos y acuerdos, en particular, son necesarios y útiles.

"Hacer la guerra — dice Lenin — para derrocar a la burguesía internacional, una guerra cien veces más difícil, prolongada y compleja que la más encarnizada de las guerras corrientes entre Estados, y renunciar de antemano a toda maniobra, a explotar los antagonismos de intereses (aunque sólo sean temporales) que dividen a nuestros enemigos, renunciar a acuerdos y compromisos con posibles aliados (aunque sean provisionales, inconsistentes, vacilantes, condicionales), ¿no es, acaso, algo indeciblemente ridículo? ¿No viene a ser eso como si, en la difícil ascensión a una montaña inexplorada, en la que nadie hubiera puesto la planta todavía, se renunciase de antemano a hacer a veces zigzags, a desandar a veces lo andado, a abandonar la dirección elegida al principio para probar otras direcciones?" (v. t. XXV, pág. 210).

No se trata, evidentemente, de las reformas o de los compromisos y acuerdos en sí, sino del uso que se hace de ellos.

Para el reformista, las reformas son todo, y la labor revolucionaria cosa sin importancia, de la que se puede hablar para echar tierra a los ojos. Por eso, con la táctica reformista, bajo el Poder burgués, las reformas se convierten inevitablemente en instrumento de consolidación de este Poder, en instrumento de descomposición de la revolución.

Para el revolucionario, en cambio, lo principal es la labor revolucionaria, y no las reformas; para él, las reformas son un producto accesorio de la revolución. Por eso, con la táctica revolucionaria, bajo el Poder burgués, las reformas se convierten, naturalmente, en un instrumento para descomponer este Poder, en un instrumento para vigorizar la revolución, en un punto de apoyo para seguir desarrollando el movimiento revolucionario.

El revolucionario acepta las reformas para utilizarlas como una ayuda para combinar la labor legal con la clandestina, para aprovecharlas como una pantalla que permita intensificar la labor clandestina de preparación revolucionaria de las masas con vistas a derrocar a la burguesía.

En *eso* consiste la esencia de la utilización revolucionaria de las reformas y los acuerdos en las condiciones del imperialismo.

El reformista, por el contrario, acepta las reformas para renunciar a toda labor clandestina, para minar la preparación de las masas con vistas a la revolución y echarse a dormir a la sombra de las reformas "otorgadas" desde arriba.

En *eso* consiste la esencia de la táctica reformista.

Así está planteada la cuestión de las reformas y los acuerdos bajo el imperialismo.

Sin embargo, una vez derrocado el imperialismo, bajo la dictadura del proletariado, la cosa cambia un tanto. En ciertas condiciones, en cierta situación, el Poder proletario puede verse obligado a apartarse temporalmente del camino de la reconstrucción revolucionaria del orden de cosas existente, para seguir el camino de su transformación gradual, "el camino reformista", como dice Lenin en su conocido artículo "Acerca de la significación del oro"[18], el camino de los rodeos, el camino de las reformas y las concesiones a las clases no proletarias, a fin de descomponer a estas clases, dar una tregua a la revolución, acumular fuerzas y preparar las condiciones para una nueva ofensiva. No se puede negar que, en cierto sentido, este camino es un camino "reformista". Ahora bien, hay que tener presente que aquí se da una particularidad fundamental, y es que, en este caso, la reforma parte del Poder proletario, lo consolida, le da la tregua necesaria y no está llamada a descomponer a la revolución, sino a las clases no proletarias.

En estas condiciones, las reformas se convierten, como vemos, en su antítesis.

Si el Poder proletario puede llevar a cabo esta política, es, exclusivamente, porque en el período anterior la revolución ha sido lo suficientemente amplia y ha avanzado, por tanto, lo bastante para tener a dónde retirarse, sustituyendo la táctica de la ofensiva por la del repliegue temporal, por la táctica de los movimientos de flanco.

Así, pues, si antes, bajo el Poder burgués, las reformas eran un producto accesorio de la revolución, ahora, bajo la dictadura del proletariado, las reformas tienen por origen las conquistas revolucionarias del proletariado, las reservas acumuladas en manos del proletariado y compuestas por dichas conquistas.

"Sólo el marxismo — dice Lenin — ha definido con exactitud y acierto la relación entre las reformas y la revolución, si bien Marx tan sólo pudo ver esta relación bajo un aspecto, a saber: en las condiciones anteriores al primer triunfo más o menos sólido, más o menos duradero del proletariado, aunque sea en un solo país. En tales condiciones, la base de una relación acertada era ésta: las reformas son un producto accesorio de la lucha revolucionaria de clase del proletariado. . . Después del triunfo del proletariado, aunque sólo sea en un país, aparece algo nuevo en la relación entre las reformas y la revolución. En principio, el problema sigue planteado del mismo modo, pero en la forma se produce un cambio, que Marx, personalmente, no pudo prever, pero que sólo puede ser comprendido colocándose en el terreno de la filosofía y de la política del marxismo. . . Después del triunfo, ellas (es decir, las reformas. *J. St.*) (aunque en escala internacional sigan siendo el mismo 'producto accesorio') constituyen, además, para el país en que se ha triunfado, una tregua necesaria y legítima en los casos en que es evidente que las fuerzas, después de una tensión extrema, no bastan para llevar a cabo por vía revolucionaria tal o cual transición. El triunfo proporciona tal 'reserva de fuerzas', que hay con qué mantenerse, tanto desde el punto de vista material como del moral, aun en el caso de una retirada forzosa" (v. t. XXVII, págs. 84-85).

VIII

EL PARTIDO

En el período prerrevolucionario, en el período de desarrollo más o menos pacífico, cuando los partidos de la II Internacional eran la fuerza predominante en el movimiento obrero y las formas parlamentarias de lucha se consideraban las fundamentales, en esas condiciones, el Partido no tenía ni podía tener una importancia tan grande y tan decisiva como la que adquirió más tarde, en las condiciones de choques revolucionarios abiertos. Kautsky, defendiendo a la II Internacional contra los que la atacan, dice que los partidos de la II Internacional son instrumentos de paz, y no de guerra, y que precisamente por eso se mostraron impotentes para hacer nada serio durante la guerra, en el período de las acciones revolucionarias del proletariado. Y así es, en efecto. Pero ¿qué significa esto? Significa que los partidos de la II Internacional son inservibles para la lucha revolucionaria del proletariado, que no son partidos combativos del proletariado y que conduzcan a los obreros al Poder, sino máquinas electorales, apropiadas para las elecciones al parlamento y para la lucha parlamentaria. Ello, precisamente, explica que, durante el período de predominio de los oportunistas de la II Internacional, la organización política fundamental del proletariado no fuese el Partido, sino la minoría parlamentaria. Es sabido que en ese período el Partido era, en realidad, un apéndice de la minoría parlamentaria y un elemento puesto a su servicio. No creo que sea necesario demostrar que, en tales condiciones y con semejante partido al frente, no se podía ni hablar de preparar al proletariado para la revolución.

Pero las cosas cambiaron radicalmente al llegar el nuevo período. El nuevo período es el de los choques abiertos entre las clases, el período de las acciones revolucionarias del proletariado, el período de la revolución proletaria, el período de la preparación directa de las fuerzas para el derrocamiento del imperialismo y la conquista del Poder por el proletariado. Este período plantea ante el proletariado nuevas tareas: la reorganización de toda la labor del Partido en un sentido nuevo, revolucionario, la educación de los obreros en el espíritu de la lucha revolucionaria por el Poder, la preparación y la concentración de reservas, la alianza con los proletarios de los países vecinos, el establecimiento de sólidos vínculos con el movimiento de liberación de las colonias y de los países dependientes, etc., etc. Creer que estas tareas nuevas pueden resolverse con las fuerzas de los viejos partidos socialdemócratas, educados bajo las condiciones pacíficas del parlamentarismo, equivale a condenarse a una desesperación sin remedio, a una derrota inevitable. Hacer frente a estas tareas con los viejos partidos a la cabeza, significa verse completamente desarmado. Huelga demostrar que el proletariado no podía resignarse a semejante situación.

De aquí la necesidad de un nuevo partido, de un partido combativo, de un partido revolucionario, lo bastante intrépido para conducir a los proletarios a la lucha por el Poder, lo bastante experto para orientarse en las condiciones complejas de la situación revolucionaria y lo bastante flexible para sortear todos y cada uno de los escollos que se interponen en el camino hacia sus fines.

Sin un partido así, no se puede ni pensar en el derrocamiento del imperialismo, en la conquista de la dictadura del proletariado.

Este nuevo partido es el Partido del leninismo.

¿Cuáles son las particularidades de este nuevo partido?

1) *El Partido como destacamento de vanguardia de la clase obrera.* El Partido tiene que ser, ante todo, el destacamento de *vanguardia* de la clase obrera. El Partido tiene que incorporar a sus filas a todos los mejores elementos de la clase obrera, asimilar su experiencia, su espíritu revolucionario, su devoción infinita a la causa del proletariado. Ahora bien, para ser un verdadero destacamento de vanguardia, el Partido tiene que estar pertrechado con una teoría revolucionaria, con el conocimiento de las leyes del movimiento, con el conocimiento de las leyes de la revolución. De otra manera, no puede dirigir la lucha del proletariado, no puede llevar al proletariado tras de sí. El Partido no puede ser un verdadero partido si se limita simplemente a registrar lo que siente y piensa la masa de la clase obrera, si se arrastra a la zaga del movimiento espontáneo de ésta, si no sabe vencer la inercia y la indiferencia política del movimiento espontáneo, si no sabe situarse por encima de los intereses momentáneos del proletariado, si no sabe elevar a

las masas hasta la comprensión de los intereses de clase del proletariado. El Partido tiene que marchar al frente de la clase obrera, tiene que ver más lejos que la clase obrera, tiene que conducir tras de sí al proletariado y no arrastrarse a la zaga del movimiento espontáneo. Los partidos de la II Internacional, que predican el "seguidismo", son vehículos de la política burguesa, que condena al proletariado al papel de instrumento de la burguesía. Sólo un partido que se sitúe en el punto de vista del destacamento de vanguardia del proletariado y sea capaz de elevar a las masas hasta la comprensión de los intereses de clase del proletariado, sólo un partido así es capaz de apartar a la clase obrera de la senda del tradeunionismo y hacer de ella una fuerza política independiente.

El Partido es el jefe político de la clase obrera.

He hablado más arriba de las dificultades de la lucha de la clase obrera, de la complejidad de las condiciones de la lucha, de la estrategia y de la táctica, de las reservas y de las maniobras, de la ofensiva y de la retirada. Estas condiciones son tan complejas, si no más, que las de la guerra. ¿Quién puede orientarse en estas condiciones?, ¿quién puede dar una orientación acertada a las masas de millones y millones de proletarios? Ningún ejército en guerra puede prescindir de un Estado Mayor experto, si no quiere verse condenado a la derrota. ¿Acaso no está claro que el proletariado tampoco puede, con mayor razón, prescindir de este Estado Mayor, si no quiere entregarse a merced de sus enemigos jurados? Pero ¿dónde encontrar ese Estado Mayor? Sólo el Partido revolucionario del proletariado puede ser ese Estado Mayor. Sin un partido revolucionario, la clase obrera es como un ejército sin Estado Mayor.

El Partido es el Estado Mayor de combate del proletariado.

Pero el Partido no puede ser tan sólo un destacamento de *vanguardia*, sino que tiene que ser, al mismo tiempo, un destacamento *de la clase*, una parte de la clase, íntimamente vinculada a ésta con todas las raíces de su existencia. La diferencia entre el destacamento de vanguardia y el resto de la masa de la clase obrera, entre los afiliados al Partido y los sin-partido, no puede desaparecer mientras no desaparezcan las clases, mientras el proletariado vea engrosar sus filas con elementos procedentes de otras clases, mientras la clase obrera, en su conjunto, no pueda elevarse hasta el nivel del destacamento de vanguardia. Pero el Partido dejaría de ser el Partido si esta diferencia se convirtiera en divorcio, si el Partido se encerrara en sí mismo y se apartase de las masas sin-partido. El Partido no puede dirigir a la clase si no está ligado a las masas sin-partido, si no hay vínculos entre el Partido y las masas sin-partido, si estas masas no aceptan su dirección, si el Partido no goza de crédito moral y político entre las masas.

Hace poco se dio ingreso en nuestro Partido a doscientos mil obreros. Lo notable aquí es la circunstancia de que estos obreros, más bien que venir ellos mismos al Partido, han sido enviados a él por toda la masa de los sin-partido, que ha intervenido activamente en la admisión de los nuevos afiliados, que no eran admitidos sin su aprobación. Este hecho demuestra que las grandes masas de obreros sin-partido ven en nuestro Partido *su* partido, un partido *entrañable* y *querido*, en cuyo desarrollo y fortalecimiento se hallan profundamente interesados y a cuya dirección confían de buen grado su suerte. No creo que sea necesario demostrar que sin estos hilos morales imperceptibles que lo unen con las masas sin-partido, el Partido no habría podido llegar a ser la fuerza decisiva de su clase.

El Partido es parte inseparable de la clase obrera.

"Nosotros — dice Lenin — somos el Partido de la clase y, por ello, *casi toda la clase* (y en tiempo de guerra, en época de guerra civil, la clase entera) debe actuar bajo la dirección de nuestro Partido, debe tener con nuestro Partido la ligazón más estrecha posible; pero sería manilovismo y 'seguidismo' creer que casi toda la clase o la clase entera pueda algún día, bajo el capitalismo, elevarse hasta el punto de alcanzar el grado de conciencia y de actividad de su destacamento de vanguardia, de su partido socialdemócrata. Ningún socialdemócrata juicioso ha puesto nunca en duda que, bajo el capitalismo, ni aun la organización sindical (más rudimentaria, más asequible al grado de conciencia de las capas menos desarrolladas) esté en condiciones de englobar a toda o a casi toda la clase obrera. Olvidar la diferencia que existe entre el destacamento de vanguardia y toda la masa que gravita hacia él, olvidar el deber constante que tiene el destacamento de vanguardia de *elevar* a capas cada vez más amplias a su avanzado nivel, sería únicamente engañarse a sí mismo, cerrar los ojos ante la inmensidad de nuestras tareas, restringir nuestras tareas" (v. t. VI, págs. 205-206).

2) *El Partido como destacamento organizado de la clase obrera*. El Partido no es sólo el destacamento de *vanguardia* de la clase obrera. Si quiere dirigir realmente la lucha de su clase, tiene que ser, al mismo tiempo, un destacamento *organizado* de la misma. Las tareas del Partido en el capitalismo son extraordinariamente grandes y diversas. El Partido debe dirigir la lucha del proletariado en condiciones extra-

ordinariamente difíciles del desarrollo interior y exterior; debe llevar al proletariado a la ofensiva cuando la situación exija la ofensiva; debe sustraer al proletariado de los golpes de un enemigo fuerte cuando la situación exija la retirada; debe inculcar en las masas de millones y millones de obreros sin-partido e inorganizados el espíritu de disciplina y el método en la lucha, el espíritu de organización y la firmeza. Pero el Partido no puede cumplir estas tareas si él mismo no es la personificación de la disciplina y de la organización, si él mismo no es un destacamento *organizado* del proletariado. Sin estas condiciones, ni hablarse puede de que el Partido dirija verdaderamente a masas de millones y millones de proletarios.

El Partido es el destacamento organizado de la clase obrera.

La idea del Partido como un todo organizado está expresada en la conocida fórmula, expuesta por Lenin en el artículo primero de los Estatutos de nuestro Partido, donde se considera al Partido *suma* de sus organizaciones, y a sus miembros, afiliados a una de las organizaciones del Partido. Los mencheviques, que ya en 1903 rechazaban esta fórmula, proponían, en su lugar, el "sistema" de autoadhesión al Partido, el "sistema" de extender el "título" de afiliado al Partido a cualquier "profesor" y a cualquier "estudiante", a cualquier "simpatizante" y a cualquier "huelguista" que apoyara al Partido de un modo u otro, aunque no formara ni desease formar parte de ninguna de sus organizaciones. No creo que sea necesario demostrar que este original "sistema", de haber arraigado en nuestro Partido, habría llevado inevitablemente a inundarlo de profesores y estudiantes y a su degeneración en una "entidad" vaga, amorfa, desorganizada, que se hubiera perdido en el mar de los "simpatizantes", habría borrado los límites entre el Partido y la clase y malogrado la tarea del Partido de elevar a las masas inorganizadas al nivel del destacamento de vanguardia. Huelga decir que, con un "sistema" oportunista como ése, nuestro Partido no habría podido desempeñar el papel de núcleo organizador de la clase obrera en el curso de nuestra revolución.

"Desde el punto de vista del camarada Mártov — dice Lenin —, las fronteras del Partido quedan absolutamente indeterminadas, porque 'cualquier huelguista' puede 'declararse miembro del Partido'. ¿Cuál es el provecho de semejante vaguedad? La gran difusión del 'título'. Lo que tiene de nocivo consiste en que origina la idea *desorganizadora* de la confusión de la clase con el Partido" (v. t. VI, pág. 211).

Pero el Partido no es sólo la *suma* de sus organizaciones. El Partido es, al mismo tiempo, el *sistema* único de estas organizaciones, su fusión formal en un todo único, con organismos superiores e inferiores de dirección, con la subordinación de la minoría a la mayoría, con resoluciones prácticas, obligatorias para todos los miembros del Partido. Sin estas condiciones, el Partido no podría formar un todo único y organizado, capaz de ejercer la dirección sistemática y organizada de la lucha de la clase obrera.

"*Antes* — dice Lenin —, nuestro Partido no era un todo formalmente organizado, sino, simplemente, una suma de diversos grupos, razón por la cual no podía de ningún modo existir entre ellos más relación que la de la influencia ideológica. *Ahora* somos ya un partido organizado, y esto entraña la creación de una autoridad, la transformación del prestigio de las ideas en el prestigio de la autoridad, la sumisión de las instancias inferiores a las instancias superiores del Partido" (v. t. VI, pág. 291).

El principio de la subordinación de la minoría a la mayoría, el principio de la dirección de la labor del Partido por un organismo central suscita con frecuencia ataques de los elementos inestables, acusaciones de "burocratismo", de "formalismo", etc. No creo que sea necesario demostrar que la labor sistemática del Partido como un todo y la dirección de la lucha de la clase obrera no serían posibles sin la aplicación de estos principios. El leninismo en materia de organización es la aplicación indefectible de estos principios. Lenin califica la lucha contra estos principios de "nihilismo ruso" y de "anarquismo señorial", digno de ser puesto en ridículo y repudiado.

He aquí lo que dice Lenin, en su libro "Un paso adelante", a propósito de estos elementos inestables:

"Este anarquismo señorial es algo muy peculiar del nihilista ruso. La organización del Partido se le antoja una 'fábrica' monstruosa; la sumisión de la parte al todo y de la minoría a la mayoría le parece un 'avasallamiento'. . .; la división del trabajo bajo la dirección de un organismo central le hace proferir alaridos tragicómicos contra la transformación de los hombres en 'ruedas y tornillos'. . .; la sola mención de los estatutos de organización del Partido suscita en él un gesto de desprecio y la desdeñosa . . . observación de que se podría vivir sin estatutos".

"Está claro, me parece, que los clamores contra el famoso burocratismo no son más que un medio de encubrir el descontento por la composición de los organismos centrales, no son más que una hoja de parra. . . ¡Eres un burócrata, porque has sido designado por el Congreso sin mi voluntad y contra ella! ¡Eres un formalista, porque te apoyas en los acuerdos formales del Congreso, y no en mi consentimiento! ¡Obras de un modo brutalmente mecánico, porque te remites a la mayoría 'mecánica' del Congreso del Partido y no prestas atención a mi deseo de ser cooptado! ¡Eres un autócrata, porque no quieres poner el poder en manos de la vieja tertulia de buenos compadres!"* (v. t. VI, págs. 310 y 287).

3) *El Partido como forma superior de organización de clase del proletariado.* El Partido es el destacamento organizado de la clase obrera. Pero el Partido no es la única organización de la clase obrera. El proletariado cuenta con muchas otras organizaciones, sin las cuales no podría luchar con éxito contra el capital: sindicatos, cooperativas, organizaciones fabriles, minorías parlamentarias, organizaciones femeninas sin-partido, prensa, organizaciones culturales y educativas, uniones de la juventud, organizaciones revolucionarias de combate (durante las acciones revolucionarias abiertas), Soviets de Diputados como forma de organización del Estado (si el proletariado se halla en el Poder), etc. La inmensa mayoría de estas organizaciones son organizaciones sin-partido, y sólo unas cuantas están directamente vinculadas al Partido o son ramificaciones suyas. En determinadas circunstancias, todas estas organizaciones son absolutamente necesarias para la clase obrera, pues sin ellas no sería posible consolidar las posiciones de clase del proletariado en los diversos terrenos de la lucha, ni sería posible templar al proletariado como la fuerza llamada a

---

* Se alude a la "tertulia" de Axelrod, Mártov, Potrésov y otros, que no se sometieron a los acuerdos del II Congreso y acusaban a Lenin de "burocratismo". *J. St.*

sustituir el orden de cosas burgués por el orden de cosas socialista. Pero ¿cómo llevar a cabo la dirección única, con tal abundancia de organizaciones? ¿Qué garantía hay de que esta multiplicidad de organizaciones no lleve a incoherencias en la dirección? Cada una de estas organizaciones, pueden decirnos, actúa en su propia órbita y por ello no pueden entorpecerse las unas a las otras. Esto, naturalmente, es cierto. Pero también lo es que todas estas organizaciones tienen que desplegar su actividad en una misma dirección, pues sirven a *una sola* clase, a la clase de los proletarios. ¿Quién — cabe preguntarse — determina la línea, la orientación general que todas estas organizaciones deben seguir en su trabajo? ¿Dónde está la organización central que no sólo sea capaz, por tener la experiencia necesaria, de trazar dicha línea general, sino que, además, pueda, por tener el prestigio necesario para ello, mover a todas estas organizaciones a aplicar esa línea, con el fin de lograr la unidad en la dirección y excluir toda posibilidad de intermitencias?

Esta organización es el Partido del proletariado.

El Partido posee todas las condiciones necesarias para ello: primero, porque el Partido es el punto de concentración de los mejores elementos de la clase obrera, directamente vinculados a las organizaciones sin-partido del proletariado y que con frecuencia las dirigen; segundo, porque el Partido, como punto de concentración de los mejores elementos de la clase obrera, es la mejor escuela de formación de jefes de la clase obrera, capaces de dirigir todas las formas de organización de su clase; tercero, porque el Partido, como la mejor escuela para la formación de jefes de la clase obrera, es, por su experiencia y su prestigio, la única organización capaz de centralizar la dirección de la lucha del proletariado, haciendo así de todas y cada una de las organizaciones sin-partido de la clase obrera organismos auxiliares y correas de transmisión que unen al Partido con la clase.

El Partido es la forma superior de organización de clase del proletariado.

Esto no quiere decir, naturalmente, que las organizaciones sin-partido, los sindicatos, las cooperativas, etc., deban estar formalmente subordinadas a la dirección del Partido. Lo que hace falta es, simplemente, que los miembros del Partido que integran estas organizaciones, en las que gozan de indudable influencia, empleen todos los medios de persuasión para que las organizaciones sin-partido se acerquen en el curso de su trabajo al Partido del proletariado y acepten voluntariamente la dirección política de éste.

Por eso, Lenin dice que el Partido es "la forma *superior* de unión de clase de los proletarios", cuya dirección política debe extenderse a todas las demás formas de organización del proletariado (v. t. XXV, pág. 194).

Por eso, la teoría oportunista de la "independencia" y de la "neutralidad" de las organizaciones sin-partido, que produce parlamentarios *independientes* y publicistas *desligados* del Partido, funcionarios sindicales *de mentalidad estrecha* y cooperativistas *imbuidos de espíritu pequeñoburgués,* es completamente incompatible con la teoría y la práctica del leninismo.

4) El Partido como instrumento de la dictadura del proletariado. El Partido es la forma superior de organización del proletariado. El Partido es el factor esencial de dirección en el seno de la clase de los proletarios y entre las organizaciones de esta clase. Pero de aquí no se desprende, ni mucho menos, que el Partido pueda ser considerado como un fin en sí, como una fuerza que se baste a sí misma. El Partido no sólo es la forma superior de unión de clase de los proletarios, sino que es, al mismo tiempo, un *instrumento* del proletariado *para* la conquista de su dictadura, cuando ésta no ha sido todavía conquistada, *y para* la consolidación y ampliación de la dictadura, cuando ya está conquistada. El Partido no podría elevar a tal altura su importancia, ni ser la fuerza rectora de todas las demás formas de organización del proletariado, si éste no tuviera planteado el problema del Poder, si las condiciones creadas por el imperialismo, la inevitabilidad de las guerras y la existencia de las crisis no exigieran la concentración de todas las fuerzas del proletariado en un solo lugar, la convergencia de todos los hilos del movimiento revolucionario en un solo punto, a fin de derrocar a la burguesía y conquistar la dictadura del proletariado. El proletariado necesita del Partido, ante todo, como Estado Mayor de combate, indispensable para la conquista victoriosa del Poder. No creo que sea necesario demostrar que, sin un partido capaz de reunir en torno suyo a las organizaciones de masas del proletariado y de centralizar, en el curso de la lucha, la dirección de todo el movimiento, el proletariado de Rusia no hubiera podido implantar su dictadura revolucionaria.

Pero el proletariado no necesita del Partido solamente para conquistar la dictadura; aun le es más necesario para mantenerla, consolidarla y extenderla, para asegurar la victoria completa del socialismo.

"Seguramente — dice Lenin —, hoy casi todo el mundo ve ya que los bolcheviques no se hubieran mantenido en el Poder, no digo dos años y medio, sino ni siquiera dos meses y medio, sin la disciplina rigurosísima, verdaderamente férrea, de nuestro Partido, sin el apoyo total e incondicional prestado a él por toda la masa de la clase obrera, es decir, por todo lo que ella tiene de consciente, honrado, abnegado, influyente y capaz de conducir tras de sí o de arrastrar a las capas atrasadas" (v. t. XXV, pág. 173).

Pero ¿qué significa "mantener" y "extender" la dictadura? Significa inculcar a las masas de millones y millones de proletarios el espíritu de disciplina y de organización; significa dar a las masas proletarias cohesión y proporcionarles un baluarte contra la influencia corrosiva del elemento pequeñoburgués y de los hábitos pequeñoburgueses; reforzar la labor de organización de los proletarios para reeducar y transformar a las capas pequeñoburguesas; ayudar a las masas proletarias a forjarse como fuerza capaz de destruir las clases y de preparar las condiciones para organizar la producción socialista. Pero todo esto sería imposible hacerlo sin un partido fuerte por su cohesión y su disciplina.

"La dictadura del proletariado — dice Lenin — es una lucha tenaz, cruenta e incruenta, violenta y pacífica, militar y económica, pedagógica y administrativa, contra las fuerzas y las tradiciones de la vieja sociedad. La fuerza de la costumbre de millones y decenas de millones de hombres es la fuerza más terrible. Sin un partido férreo y templado en la lucha, sin un partido que goce de la confianza de todo lo que haya de honrado dentro de la clase, sin un partido que sepa pulsar el estado de espíritu de las masas e influir sobre él, es imposible llevar a cabo con éxito esta lucha" (v. t. XXV, pág. 190).

El proletariado necesita del Partido *para* conquistar y mantener la dictadura. El Partido es un instrumento de la dictadura del proletariado.

Pero de esto se deduce que, con la desaparición de las clases, con la extinción de la dictadura del proletariado, deberá desaparecer también el Partido.

5) *El Partido como unidad de voluntad incompatible con la existencia de fracciones.* La conquista y el mantenimiento de la dictadura del proletariado son imposibles sin un partido fuerte por su cohesión y su disciplina férrea. Pero la disciplina férrea del Partido es inconcebible sin la unidad de voluntad, sin la unidad de acción, completa y absoluta, de todos los miembros del Partido. Esto no significa, naturalmente, que por ello quede excluida la posibilidad de una lucha de opiniones dentro del Partido. Al revés: la disciplina férrea no excluye, sino que presupone la crítica y la lucha de opiniones dentro del Partido. Tampoco significa esto, con mayor razón, que la disciplina debe ser "ciega". Al contrario, la disciplina férrea no excluye, sino que presupone la subordinación consciente y voluntaria, pues sólo una disciplina consciente puede ser una disciplina verdaderamente férrea. Pero, una vez terminada la lucha de opiniones, agotada la crítica y adoptado un acuerdo, la unidad de voluntad y la unidad de acción de todos los miembros del Partido es condición indispensable sin la cual no se concibe ni un Partido unido ni una disciplina férrea dentro del Partido.

"En la actual época de cruenta guerra civil — dice Lenin —, el Partido Comunista sólo podrá cumplir con su deber si se halla organizado del modo más centralizado, si reina dentro de él una disciplina férrea, rayana en la disciplina militar, y si su organismo central es un organismo que goza de gran prestigio y autoridad, está investido de amplios poderes y cuenta con la confianza general de los afiliados al Partido" (v. t. XXV, págs. 282-283).

Así está planteada la cuestión de la disciplina del Partido en las condiciones de la lucha precedente a la conquista de la dictadura.

Otro tanto hay que decir, pero en grado todavía mayor, respecto a la disciplina del Partido después de la conquista de la dictadura.

"El que debilita, por poco que sea — dice Lenin —, la disciplina férrea del Partido del proletariado (sobre todo en la época de su dictadura), ayuda de hecho a la burguesía contra el proletariado" (v. t. XXV, pág. 190).

Pero de aquí se desprende que la existencia de fracciones es incompatible con la unidad del Partido y con su férrea disciplina. No creo que sea necesario demostrar que la existencia de fracciones lleva a la existencia de diversos organismos centrales y que la existencia de diversos organismos centrales significa la ausencia de un organismo central común en el Partido, el quebrantamiento de la unidad de voluntad, el debilitamiento y la descomposición de la disciplina, el debilitamiento y la descomposición de la dictadura. Naturalmente, los partidos de la II Internacional, que combaten la dictadura del proletariado y no quieren llevar a los proletarios a la conquista del Poder, pueden permitirse un liberalismo como la libertad de fracciones, porque no necesitan, en absoluto, una disciplina de hierro. Pero los partidos de la Internacional Comunista, que organizan su labor partiendo de las tareas de conquistar y fortalecer la dictadura del proletariado, no pueden admitir ni el "liberalismo" ni la libertad de fracciones.

El Partido es la unidad de voluntad, que excluye todo fraccionalismo y toda división del poder dentro del Partido.

De aquí, que Lenin hablara del "peligro del fraccionalismo para la unidad del Partido y para la realización de la unidad de voluntad de la vanguardia del proletariado, condición fundamental del éxito de la dictadura del proletariado". Esta idea fue fijada en la resolución especial del X Congreso de nuestro Partido "Sobre la unidad del Partido"[19].

De aquí, que Lenin exigiera "la supresión completa de todo fraccionalismo" y "la disolución inmediata de todos los grupos, sin excepción, formados sobre tal o cual plataforma", so pena de "expulsión incondicional e inmediata del Partido" (v. la resolución "Sobre la unidad del Partido").

6) *El Partido se fortalece depurándose de los elementos oportunistas.* El fraccionalismo dentro del Partido nace de sus elementos oportunistas. El proletariado no es una clase cerrada. A él afluyen continuamente elementos de origen campesino, pequeñoburgués e intelectual, proletarizados por el desarrollo del capitalismo. Al mismo tiempo, en la cúspide del proletariado, compuesta principalmente de funcionarios sindicales y parlamentarios cebados por la burguesía a expensas de los superbeneficios coloniales, se opera un proceso de descomposición. "Esa capa — dice Lenin — de obreros aburguesados o de 'aristocracia obrera', enteramente pequeñoburgueses por su género de vida, por sus emolumentos y por toda su concepción del mundo, es el principal apoyo de la II Internacional, y, hoy día, el principal *apoyo social* (no militar) *de la burguesía.* Porque son verdaderos *agentes de la burguesía* en el seno del movimiento *obrero,* lugartenientes obreros de la clase de los capitalistas . . . , verdaderos vehículos del reformismo y del chovinismo" (v. t. XIX, pág. 77).

Todos estos grupos pequeñoburgueses penetran de un modo o de otro en el Partido, llevando a éste el espíritu de vacilación y de oportunismo, el espíritu de desmoralización y de incertidumbre. Son ellos, principalmente, quienes constituyen la fuente del fraccionalismo y de la disgregación, la fuente de la desorganización y de la labor de destrucción del Partido desde dentro. Hacer la guerra al imperialismo teniendo en la retaguardia tales "aliados", es verse en la situación de gente que se halla entre dos fuegos, tiroteada por el frente y por la retaguardia. Por eso, la lucha implacable contra estos elementos, su expulsión del Partido es la condición previa para luchar con éxito contra el imperialismo.

La teoría de "vencer" a los elementos oportunistas mediante la lucha ideológica dentro del Partido, la teoría de "acabar" con estos elementos dentro del marco de un partido único es una teoría podrida y peligrosa, que amenaza con condenar al Partido a la parálisis y a una dolencia crónica, que amenaza con entregar el Partido a merced del oportunismo, que amenaza con dejar al proletariado sin Partido revolucionario, que amenaza con despojar al proletariado de su arma principal en la lucha contra el imperialismo. Nuestro Partido no hubiera podido salir a su anchuroso camino, no hubiera podido tomar el Poder y organizar la dictadura del proletariado, no hubiera podido salir victorioso de la guerra civil, si hubiese tenido en sus filas a los Mártov y a los Dan, a los Potrésov y a los Axelrod. Si nuestro Partido ha conseguido forjar dentro de sus filas una unidad interior y una cohesión nunca vistas, se debe, ante todo, a que supo librarse a tiempo de la escoria del oportunismo y arrojar del Partido a los liquidadores y a los mencheviques. Para desarrollar y fortalecer los partidos

proletarios, hay que depurar sus filas de oportunistas y reformistas, de social-imperialistas y social-chovinistas, de
social-patriotas y social-pacifistas.

El Partido se fortalece depurándose de los elementos
oportunistas.

"Teniendo en las propias filas a los reformistas, a los
mencheviques — dice Lenin —, *no es posible* triunfar en la
revolución proletaria, *no es posible* defenderla. Esto es
evidente desde el punto de vista de los principios. Esto
lo confirman con toda claridad la experiencia de Rusia
y la de Hungría. . . En Rusia, hemos atravesado *muchas
veces* por situaciones difíciles, en que el régimen soviético
habría sido *irremisiblemente* derrotado si hubiesen quedado
mencheviques, reformistas, demócratas pequeñoburgueses
dentro de nuestro Partido . . . en Italia, donde, según la
opinión general, las cosas marchan hacia batallas decisivas
entre el proletariado y la burguesía por la conquista del
Poder del Estado. En tales momentos, no sólo es absolutamente necesario expulsar del Partido a los mencheviques,
a los reformistas, a los turatistas, sino que puede incluso
resultar útil apartar de todos los puestos de responsabilidad
a quienes, siendo excelentes comunistas, sean susceptibles
de vacilaciones y manifiesten inclinación hacia la 'unidad'
con los reformistas. . . En vísperas de la revolución y en
los momentos de la lucha más encarnizada por su triunfo,
la más leve vacilación dentro del Partido puede *echarlo
todo a perder,* hacer fracasar la revolución, arrancar el
Poder de manos del proletariado, porque este Poder no
está todavía consolidado, porque las arremetidas contra él
son todavía demasiado fuertes. Si, en tal momento, los

dirigentes vacilantes se apartan, eso no debilita al Partido, sino que fortalece al Partido, al movimiento obrero, a la revolución" (v. t. XXV, págs. 462, 463 y 464).

IX

EL ESTILO EN EL TRABAJO

No se trata del estilo literario. Me refiero al estilo en el trabajo, a lo específico y peculiar que hay en la labor práctica del leninismo y que crea el tipo especial del militante leninista. El leninismo es una escuela teórica y práctica, que moldea un tipo especial de dirigente del Partido y del Estado, que crea un estilo especial de trabajo, el estilo leninista.

¿Cuáles son los rasgos característicos de este estilo? ¿Cuáles son sus particularidades?

Estas particularidades son dos:

a) el ímpetu revolucionario ruso y

b) el sentido práctico norteamericano.

El estilo leninista es la combinación de estas dos particularidades en la labor del Partido y del Estado.

El ímpetu revolucionario ruso es el antídoto contra la inercia, contra la rutina, contra el conservadurismo, contra el estancamiento mental, contra la sumisión servil a las tradiciones seculares. El ímpetu revolucionario ruso es la fuerza vivificadora que despierta el pensamiento, que impulsa, que rompe el pasado, que brinda una perspectiva. Sin este ímpetu, no es posible ningún movimiento progresivo.

Pero el ímpetu revolucionario ruso puede muy bien degenerar en vacuo manilovismo "revolucionario", si no se une al sentido práctico norteamericano en el trabajo. Ejemplos de este tipo de degeneración los hay sobrados. ¿Quién no conoce la enfermedad del arbitrismo "revolucionario" y de la planomanía "revolucionaria", cuyo origen es la fe puesta en la fuerza del decreto que puede arreglarlo y transformarlo todo? Un escritor ruso, I. Ehrenburg, dibuja en el cuento "El homcomper" ("El hombre comunista perfeccionado") un tipo de "bolchevique" atacado de esta enfermedad, que se ha propuesto trazar el esquema del hombre idealmente perfecto y . . . se "ahoga" en esta "labor". El cuento exagera mucho la nota, pero es indudable que pinta la enfermedad con acierto. Sin embargo, yo creo que nadie se ha burlado de esos enfermos con tanta saña y de un modo tan implacable como Lenin. "Presunción comunista": así calificaba Lenin esa fe enfermiza en el arbitrismo y en la decretomanía.

"La presunción comunista — dice Lenin — significa que una persona que está en el Partido Comunista y no ha sido todavía expulsada de él por la depuración, cree que puede resolver todos los problemas a fuerza de decretos comunistas" (v. t. XXVII, págs. 50-51).

Lenin solía oponer a la verborrea "revolucionaria" el trabajo sencillo, cotidiano, subrayando con ello que el arbitrismo "revolucionario" es contrario al espíritu y a la letra del auténtico leninismo.

"Menos frases pomposas — dice Lenin — y más trabajo sencillo, *cotidiano*. . ."
"Menos estrépito político y mayor atención a los hechos más sencillos, pero vivos . . . de la edificación comunista. . ." (v. t. XXIV, págs. 343 y 335).

El sentido práctico norteamericano es, por el contrario, un antídoto contra el manilovismo "revolucionario" y contra las fantasías del arbitrismo. El sentido práctico norteamericano es una fuerza indomable, que no conoce ni admite barreras, que destruye con su tenacidad práctica toda clase de obstáculos y que siempre lleva a término lo empezado, por mínimo que sea; es una fuerza sin la cual no puede concebirse una labor constructiva seria.

Pero el sentido práctico norteamericano puede muy bien degenerar en un utilitarismo mezquino y sin principios, si no va asociado al ímpetu revolucionario ruso. ¿Quién no conoce la enfermedad del practicismo mezquino y del utilitarismo sin principios, que suele llevar a algunos "bolcheviques" a la degeneración y al abandono de la causa de la revolución? Esta enfermedad peculiar ha encontrado su reflejo en el relato de B. Pilniak "El año desnudo", en el que se pinta a tipos de "bolcheviques" rusos llenos de voluntad y de decisión práctica, que "funcionan" muy "enérgicamente", pero que carecen de perspectiva, que no saben "el porqué de las cosas" y, debido a ello, se desvían del camino del trabajo revolucionario. Nadie se ha burlado con tanta saña como Lenin de esta enfermedad del mezquino utilitarismo. "Practicismo cretino", "utilitarismo estúpido": así calificaba Lenin esta enfermedad. Lenin solía oponer a esto la labor revolucionaria viva y la necesidad de una perspectiva revolucionaria en toda nuestra labor cotidiana, subrayando con ello que el utilitarismo mezquino y sin principios es tan contrario al auténtico leninismo como el arbitrismo "revolucionario".

La unión del ímpetu revolucionario ruso al sentido práctico norteamericano: tal es la esencia del leninismo en el trabajo del Partido y del aparato del Estado.

Sólo esta unión nos da el tipo acabado del militante leninista y el estilo del leninismo en el trabajo.

Publicado el 26 y 30 de abril y el 9, 11, 14, 15 y 18 de mayo de 1924 en los núms. 96, 97, 103, 105, 107, 108 y 111 de "Pravda".

NOTAS

[1] Las conferencias de J. V. Stalin "Los fundamentos del leninismo" fueron publicadas en *Pravda* en abril y mayo de 1924. En mayo de 1924 apareció el folleto de J. V. Stalin "Acerca de Lenin y el leninismo", en el que figuraban su discurso titulado "Lenin" y las conferencias "Los fundamentos del leninismo". El trabajo de J. V. Stalin "Los fundamentos del leninismo" figura en todas las ediciones de su libro "Cuestiones del leninismo".   pág. 1

[2] Se alude a las palabras de C. Marx en su carta a F. Engels del 16 de abril de 1856.   pág. 16

[3] Se alude al artículo de F. Engels "Los bakuninistas en acción".   pág. 17

[4] V. I. Lenin, "La enfermedad infantil del 'izquierdismo' en el comunismo".   pág. 18

[5] V. I. Lenin, "¿Quiénes son los 'amigos del pueblo' y cómo luchan contra los socialdemócratas?".   pág. 18

[6] El Congreso de Basilea de la II Internacional se celebró el 24 y el 25 de noviembre de 1912. Fue convocado con motivo de la guerra de los Balcanes y el peligro inminente de guerra mundial. El Congreso discutió una sola cuestión: la situación internacional y las acciones conjuntas contra la guerra. El manifiesto aprobado por el Congreso llamaba a los obreros a utilizar la organización y la fuerza del proletariado para la lucha revolucionaria contra el peligro de guerra e invitaba a declarar la "guerra a la guerra".   pág. 18

[7] V. I. Lenin, "Un paso adelante, dos pasos atrás".   pág. 20

[8] C. Marx, Palabras finales a la segunda edición alemana del primer tomo de "El capital".   pág. 21

[9] F. Engels, "Ludwig Feuerbach y el fin de la filosofía clásica alemana".   pág. 23

[10] C. Marx, "Tesis sobre Feuerbach".   pág. 25

[11] V. I. Lenin, "El imperialismo, fase superior del capitalismo". pág. 26

[12] J. V. Stalin se refiere a los artículos de V. I. Lenin, escritos en 1905, "La socialdemocracia y el gobierno provisional revolucionario" — del que cita un extracto —, "La dictadura democrática revolucionaria del proletariado y el campesinado" y "Sobre el gobierno provisional revolucionario".   pág. 34

[13] C. Marx y F. Engels, "Mensaje del Comité Central a la Liga de los Comunistas".   pág. 38

[14] Paráfrasis de la expresión "En Chipka reina la tranquilidad", que se refiere a la historia de la guerra ruso-turca de 1877-1878. Mientras en el desfiladero de Chipka se libraban encarnizados combates, el Estado Mayor de las tropas zaristas comunicaba en sus partes de guerra: "En Chipka reina la tranquilidad".   pág. 48

[15] F. Engels, "El problema campesino en Francia y en Alemania".   pág. 68

[16] La Unión de Cooperativas Agrícolas de toda Rusia existió desde agosto de 1921 hasta junio de 1929.   pág. 71

[17] Kapp (1868-1922) fue uno de los principales líderes de "putch de Kapp" — el golpe de Estado contrarrevolucionario de Alemania en 1920 — y luego jefe del gobierno que unos días después fue derrocado por la huelga general de los obreros alemanes.   pág. 101

[18] Véase el trabajo de V. I. Lenin "Acerca de la significación del oro en la actualidad y después de la victoria completa del socialismo". pág. 105

[19] La resolución "Sobre la unidad del Partido" fue escrita por V. I. Lenin y aprobada por el X Congreso del P.C.(b) de Rusia, celebrado del 8 al 16 de marzo de 1921.   pág. 123